LA CAMPAGNE DE BIRMANIE (1942-1945)

Campagnes & stratégies

LE JUTLAND (1916). *La plus formidable bataille de tous les temps*, François-Emmanuel Brézet.

YORKTOWN (1781). *La France offre l'indépendance à l'Amérique*, Raymond Bourgerie, Pierre Lesouef.

CONTRE-GUERILLA EN ESPAGNE (1808-1814). *Suchet pacifie l'Aragon*, Jean-Louis Reynaud.

LA BATAILLE D'ANGLETERRE (1940). *La bataille aérienne décisive de l'Histoire*, Patrick Facon.

DENAIN (1712), *Louis XIV sauve sa mise*, Gérard Lesage.

L'AMIRAL DE RUYTER AU COMBAT (1607-1676). *Le Zélandais qui fit trembler l'Angleterre,* Hubert Granier.

BULGNEVILLE (1431). *L'Etat bourguignon prend pied en Lorraine,* Bertrand Schnerb.

BEVEZIERS (1690). *La France prend la maîtrise de la Manche,* Jean Meyer.

LA CAMPAGNE DE BIRMANIE (1942-1945). *L'armée des Indes défait les Japonais,* Pierre Lesouef.

LA NOCHE TRISTE (1520). *La dernière victoire du Peuple du Soleil,* Paul Hosotte.

LE SIEGE DE MEXICO (1521). *La mort du Cinquième Soleil,* Paul Hosotte.

MAGENTA ET SOLFERINO (1859). *Napoléon III et le rêve italien,* Raymond Bourgerie.

Collection CAMPAGNES & STRATEGIES
dirigée par
Philippe RICALENS et Guy PEDRONCINI

Les Grandes Batailles

Pierre LESOUEF

LA CAMPAGNE DE BIRMANIE (1942-1945)

L'Armée des Indes défait les Japonais

ECONOMICA
49, rue Héricart, 75015 Paris

Illustration de la couverture : Un aspect spectaculaire de la route de Birmanie (extrait d'un film de l'Imperial War Museum).

Cartes nos 1, 2, 4, 7, 9, 14 et 15 : dessins réalisés par Denis Vinyes.

A mon fidèle ami, Jean Delmas, qui m'a mis sur la piste du maréchal Slim.

Sommaire

Croquis n° 1

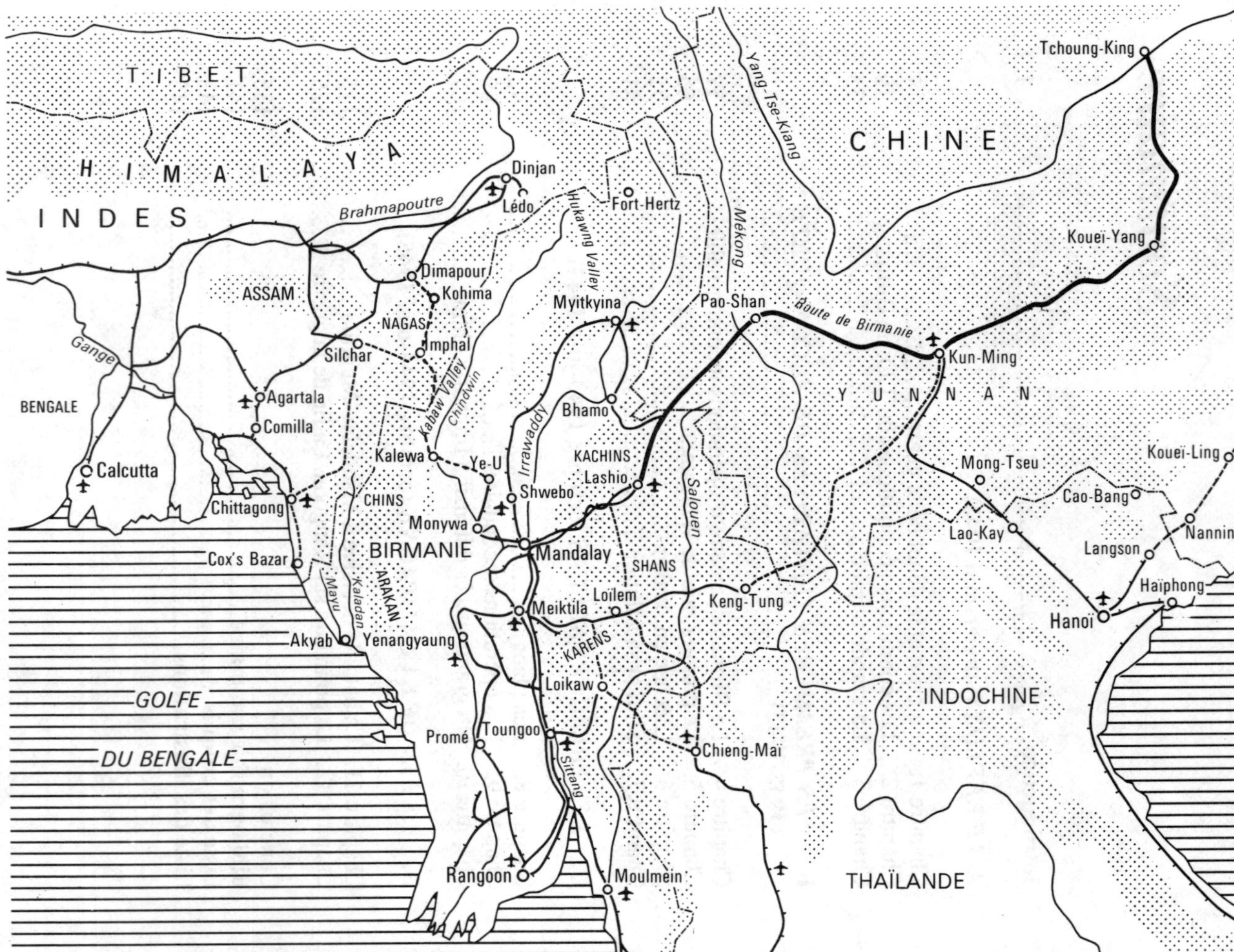

TIBET
HIMALAYA
INDES
CHINE
YUNNAN
INDOCHINE
THAÏLANDE
BIRMANIE
BENGALE
ASSAM
NAGAS
CHINS
ARAKAN
KACHINS
SHANS
KARENS
GOLFE
DU BENGALE
Brahmapoutre
Gange
Yang-Tse-Kiang
Mékong
Salouen
Irrawaddy
Chindwin
Kabaw Valley
Hukawng Valley
Sittang
Mayu
Kaladan
Route de Birmanie
Tchoung-King
Kouei-Yang
Kun-Ming
Pao-Shan
Mong-Tseu
Kouei-Ling
Cao-Bang
Nanning
Lao-Kay
Langson
Haïphong
Hanoï
Keng-Tung
Chieng-Maï
Moulmein
Rangoon
Toungoo
Promé
Loikaw
Loïlem
Meiktila
Yenangyaung
Mandalay
Lashio
Bhamo
Myitkyina
Fort-Hertz
Dinjan
Lédo
Dimapour
Kohima
Imphal
Silchar
Kalewa
Ye-U
Shwebo
Monywa
Agartala
Comilla
Calcutta
Chittagong
Cox's Bazar
Akyab

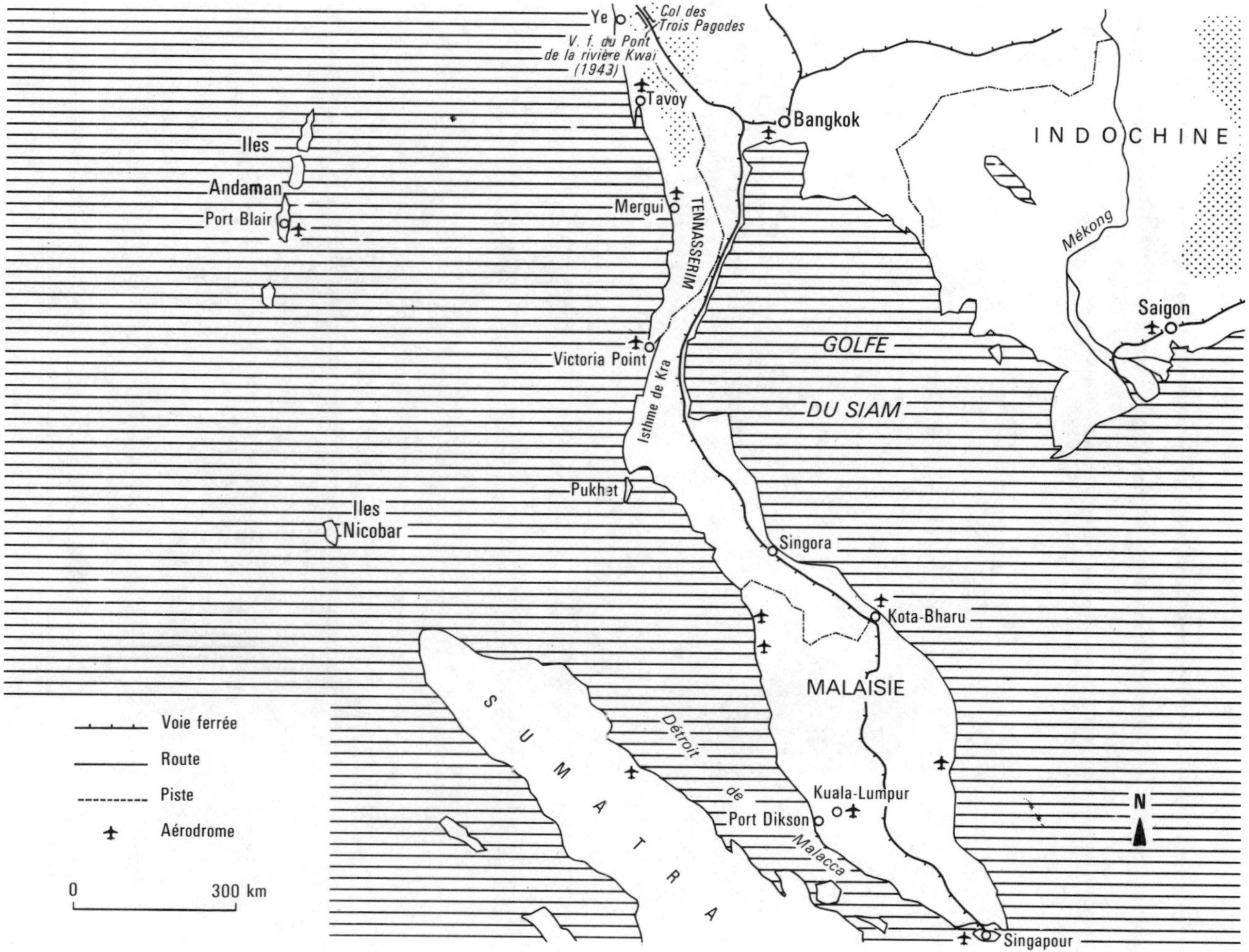

Croquis général de la BIRMANIE

Introduction

La campagne de Birmanie (janvier 1942-août 1945) a joué un rôle très important dans la guerre contre le Japon et donc dans la victoire des Alliés. On peut dire qu'elle fait partie des campagnes décisives de l'histoire militaire.

Ce rôle a cependant été largement méconnu, sans doute à cause de l'éloignement du théâtre d'opérations (T.O.) birman et de la prépondérance des T.O. européens. La grande victoire défensive de la 14e Armée britannique à Imphal et Kohima est en effet contemporaine du débarquement en Normandie, et la brillante reprise de Rangoon (3 mai 1945), de la fin de la guerre en Europe. Même en Grande-Bretagne, ces succès, obtenus en rase campagne sur des armées japonaises combattant avec leur incroyable ténacité habituelle, n'ont pas été, sur le moment, estimés à leur juste valeur, comme l'ont été les succès américains dans le Pacifique. La 14e Armée anglo-indienne en a gardé longtemps le surnom d'"Armée oubliée".

Heureusement, il n'en est plus de même aujourd'hui, grâce à une pléiade d'historiens professionnels ou amateurs, dont beaucoup d'anciens combattants[1]. Ils ont su progressivement toucher un public de plus en plus nombreux. Certains d'entre eux ont su, en outre, développer le point de vue japonais à mesure que celui-ci s'exprimait.[2]

En France, on peut dire que le sujet est complètement ignoré, sauf par des films comme "Aventures en Birmanie", ou quelques articles d'*Historia-Magazine* (1969) et de *Time-Life* (édition française de 1980). Il faut chercher dans des encyclopédies ou des dictionnaires spécialisés — par exemple

1. Voir *in fine* la bibliographie sommaire. Il s'agit essentiellement des histoires officielles britannique, américaine, indienne et japonaise et de l'ouvrage plus récent — 1984 —, de Louis Allen, dont la bibliographie est excellente et qui tient le plus grand compte des sources japonaises.
2. Idem.

celui de la deuxième guerre mondiale — pour trouver le nom du maréchal William Slim, qui est cependant, de notre point de vue, la figure militaire dominante de ce T.O. et tout simplement un des authentiques grands chefs de guerre britanniques de la deuxième guerre mondiale, au moins l'égal des Wavell, Auchinleck, Alexander ou Montgomery.

Et pourtant son ouvrage *Defeat into victory* — la défaite transformée en victoire —, malgré tout son intérêt, n'a jamais été traduit en français.

La campagne de Birmanie dura trois ans et demi et mit en ligne une très grande majorité d'asiatiques : Indiens, encadrés de Britanniques, Chinois, instruits et équipés par les Américains, Japonais avec des éléments nationalistes birmans et indiens.

C'est évidemment un monde très varié et très complexe, mystérieux parfois, qu'il n'est pas question de décrire en détail dans les limites de ce livre. Il s'agit simplement d'essayer d'en montrer les particularités dans le cadre général de la guerre contre le Japon.

Par exemple la phase de reflux — janvier à mai 1942 — ne s'y termina pas comme ailleurs, Malaisie, Singapour, Philippines, Indes néerlandaises, par une capitulation des Alliés.

Avec une bonne part de chance — mais ne dit-on pas qu'elle n'offre ses faveurs qu'à ceux qui savent la saisir ? — les Chinois, sous les ordres du général américain Stilwell et les Britanniques, commandés déjà par Slim depuis la prise de Rangoon, réussirent de justesse, au cours d'une très difficile retraite — la plus longue, avec ses 1600 km, de toute l'histoire militaire britannique — à regagner les Indes ou la Chine vers le 15 mai, juste au moment où l'arrivée de la mousson arrêta la poursuite japonaise.

Autre particularité, Alliés et Japonais restèrent au contact sur terre, pendant ces trois années, avec des phases d'activité rythmées par les moussons.

Par sa situation entre les Indes et la Chine, la Birmanie présentait pour les deux adversaires un intérêt stratégique évident, celui de l'isolement complet ou au contraire du maintien au combat de la Chine de Tchang Kaï-Chek, en guerre depuis 1937 et ravitaillée depuis 1940 par la seule et très précaire route de Birmanie.

Mais par son climat, son relief et ses pauvres moyens de communication, ce T.O. "obligé" présentait de telles difficultés que l'ambition des plans de reconquête se trouvait en constant décalage avec la dure réalité logistique d'acheminement des moyens suffisants. Et ceci d'autant plus que, dès le début, la priorité avait été donnée aux théâtres d'opérations européens — Germany first — et que le T.O. birman n'avait pas un bon classement dans les priorités de la guerre contre le Japon. On peut dire que malgré les énormes efforts déployés pour l'améliorer, la gestion logistique du T.O. resta jusqu'au bout une gestion de crise.

Les solutions proposées ne manquèrent pas, où, bien entendu, l'aviation tenait un rôle prépondérant.

Ces controverses amèneront à une mise au point progressive d'une stratégie et d'une tactique adaptées à ce T.O., peu favorable par sa nature à l'emploi généralisé des blindés et où seuls de faibles effectifs pouvaient être déployés et ravitaillés.

Quelques exemples détaillés d'opérations permettront de mieux comprendre l'évolution qui ne cessa de s'accentuer depuis un type de guerre frontal, vers une guerre en profondeur d'éléments mobiles où l'aéroportage et une logistique allégée deviendront essentiels. L'influence de l'anticonformiste Wingate sur cette évolution est évidente.

La chronologie de la campagne et l'analyse de chaque série d'opérations offrent la possibilité de suivre :

— la planification lointaine dans les états majors combinés interalliés ;
— la réduction des projets imposée par les disponibilités du moment ;
— la montée en puissance inexorable, mais relativement lente du potentiel allié et, parallèlement, la stagnation des moyens japonais ;
— la rapidité de la croissance de la supériorité alliée, une fois l'équilibre atteint, puis dépassé.

Il nous a paru nécessaire de rappeler brièvement les préliminaires et l'ampleur du conflit.

Pour des raisons tenant surtout aux sources utilisées, nous avons choisi la transcription des termes chinois utilisée en France à l'époque, ainsi que celle des Britanniques pour les termes birmans ou indiens, sauf cas particuliers. C'est ainsi que nous parlons des troupes indiennes et non hindoues, comme on le faisait en France à cette époque.

En revanche le système métrique a été préféré aux mesures anglo-saxonnes sauf très rares exceptions. Il faut également rappeler que les Indes de 1941-1945 comprenaient le Pakistan, l'Inde, le Sri Lanka et le Bengladesh actuels.

A.

LE REFLUX
(janvier-mai 1942)

CHAPITRE 1

La crise et le début de la guerre

LA CRISE

Depuis son accession rapide à l'état de grande puissance à partir de 1868 et ses victoires sur la Chine et la Russie révélant le "péril jaune", le Japon ne pouvait se contenter de l'annexion de Formose (Taïwan), de la Corée et de quelques bases, sous mandat de la Société des Nations (SDN), dans le Pacifique.

Sa démographie galopante à cette époque, son manque des matières premières essentielles : charbon, pétrole, caoutchouc etc., poussaient un certain nombre de ses dirigeants, dans les conditions politiques de l'entre-deux-guerres, à envisager la maîtrise de nouveaux territoires ou, au moins, un accès moins précaire aux matières premières de l'Asie du Sud-Est et de l'Insulinde. Il faut dire, comme le fait remarquer Liddell Hart, que depuis 1918, les rebuffades ou les humiliations venant des puissances occidentales n'avaient pas manqué. Signalons seulement en 1921 la rupture de l'alliance traditionnelle anglo-japonaise, en 1924 la limitation forcée de sa flotte de guerre et l'interdiction, la même année, de toute immigration supplémentaire aux Etats-Unis.

Il semble bien que dès 1928, les grandes lignes d'une politique menant à la conquête d'une partie des colonies du Sud-Est asiatique aient été dressées, au moins par les éléments les plus nationalistes, qui y voyaient la seule solution pour le Japon de maintenir, voire d'augmenter, sa puissance industrielle. Pendant les années trente, le Japon avait progressivement occupé et transformé en protectorat la Mandchourie, puis envahi, à partir de 1937 la Chine du Nord (voir croquis n° 2). A partir de 1938, son armée, s'enlisant dans l'immensité chinoise, se contentait d'étendre et de maintenir un blocus des côtes chinoises, y compris en Chine du Sud, y consacrant de forts éléments de son aviation, de sa marine et la valeur de 25 à 30 divisions. Au total environ 600 000 hommes.

Condamné par la Société des Nations en 1932 pour sa politique aggressive, le Japon s'en était retiré brutalement en 1933 ; il s'était allié à l'Allemagne nazie et à l'Italie fasciste en adhérant en 1936 au pacte anti-komintern. Il avait facilité la montée des nationalismes dans tout le Sud-Est asiatique et le Pacifique en finançant partis ou groupements divers ; il avait instruit à Tokyo quelques cadres civils et militaires, plus ou moins acquis à la perspective d'une proche "libération" au sein d'une grande "sphère de co-prospérité", évidemment dirigée par les Japonais. La Thaïlande se rallia secrètement à ces vues d'avenir. Conscient de ses faiblesses en matières premières, le Japon a constitué des stocks très importants : par exemple, trois ans de consommation normale de pétrole, soit un an et demi de la consommation estimée du temps de guerre. Signalons enfin que le Japon va être dissuadé, s'il en avait eu l'intention, de participer à un conflit contre l'URSS par la cuisante expérience subie lors d'un grave incident sur leur frontière commune de Mandchourie en août 1939. L'élément terrestre japonais engagé, qui comptait 15 000 hommes, fut encerclé par trois divisions d'infanterie (D.I.) et deux brigades blindées (B.B.) soviétiques et compta 11 000 tués. Cet échec sanglant ne fut sans doute pas sans influence sur le traité de non-agression signé entre l'URSS et le Japon en avril 1941, auquel les deux camps avaient intérêt et qui fut respecté jusqu'en août 1945.

Quoi qu'il en soit, depuis 1938, la Chine ne reçoit plus aucun matériel de guerre par mer. Par voie terrestre, la voie ferrée métrique française du Yunnan (de Hanoï à Kun-Ming) fut contrôlée dès la défaite française (27 septembre 1940) par les Japonais, qui occupèrent aussi un certain nombre de bases en Indochine du Nord, après avoir forcé l'accord du gouvernement de Vichy.

Il ne restait donc que la fameuse route de Birmanie (voir croquis n° 1), prolongement routier précaire, jusqu'à Kun-Ming, de la voie ferrée qui traverse la Birmanie de Rangoon à Lashio, en passant par Mandalay.

Construite par les Britanniques à partir de 1937, avec un appui massif de main d'œuvre chinoise, achevée en 1939, son tracé très montagneux de 1200 km par les contreforts de l'Himalaya représente une prouesse technique. Mais son débit de 1941 restait faible — 10 000 tonnes par mois — et ne pouvait acheminer tout le matériel de guerre fourni par les Etats-Unis depuis mars 1941 en application de la loi Prêt-Bail. Ce matériel commençait à s'accumuler dans les docks de Rangoon et au dépôt intermédiaire de Lashio. La route de Birmanie reste l'unique cordon ombilical de la Chine vers l'extérieur et donc un objectif de choix pour les Japonais, en cas de guerre.

La probabilité du conflit s'accroît brusquement à l'été de 1941, peu après l'invasion de l'URSS par les Allemands, au moment où la Grande-Bretagne cesse d'être seule dans le conflit, comme elle l'était depuis un an.

Le Japon se trouve stratégiquement et politiquement bien placé en 1941 pour réaliser ses buts en Asie, l'attention générale étant focalisée sur les T.O. européen et africain, tandis que l'opinion publique américaine reste dans sa grande majorité désireuse de voir les U.S.A. se tenir à l'écart de tout conflit. Certes, cette opinion reste favorable à une aide matérielle croissante au profit de la Grande-Bretagne, bientôt de l'URSS et aussi de la Chine de Tchang Kaï Chek.

Enfin, le Japon connaît parfaitement l'état d'impréparation de ses futurs adversaires en Asie du Sud-Est et dans le Pacifique.

Brusquement, le 24 juillet 1941, le Japon occupe des bases stratégiques en Indochine française du Sud, avec l'accord de Vichy, sous la pression allemande. Il suffit de regarder une carte du golfe du Siam (croquis n° 1 ou 2) pour constater la menace que représentent les aérodromes sud-indochinois, et en particulier celui de Tan Son Nhut, près de Saïgon, pour une action de guerre vers la Malaisie et Singapour, la Birmanie, les Philippines et les Indes néerlandaises, menace qui d'ailleurs se réalisera pleinement[1].

Alors qu'en septembre 1940, les Etats-Unis avaient laissé les Japonais occuper l'Indochine du Nord sans réagir, ils vont cette fois prendre des contre-mesures immédiates et sévères, destinées à forcer le Japon non seulement à évacuer l'Indochine, mais à cesser les hostilités en Chine. Dès le 26 juillet, un embargo général sur le pétrole destiné au Japon est institué, ainsi que le gel des avoirs japonais aux Etats-Unis. Le gouvernement américain pensait-il ainsi faire céder les Japonais ? C'est probable car il ne semble pas qu'il ait voulu aller jusqu'à la guerre.

De longues négociations s'ouvrirent alors (mission Kurusu), où diverses solutions intermédiaires furent envisagées. Elles vont

1. Une armée aérienne et des avions d'aéronavale y furent basés, qui appuyèrent toutes les opérations de débarquement japonaises. Ce sont ces forces qui détruisirent aussi, dès le début du conflit, les deux cuirassés britanniques *Repulse* et *Prince of Wales,* assurant ainsi sur le T.O. une maîtrise navale complète des Japonais.

Croquis n° 2

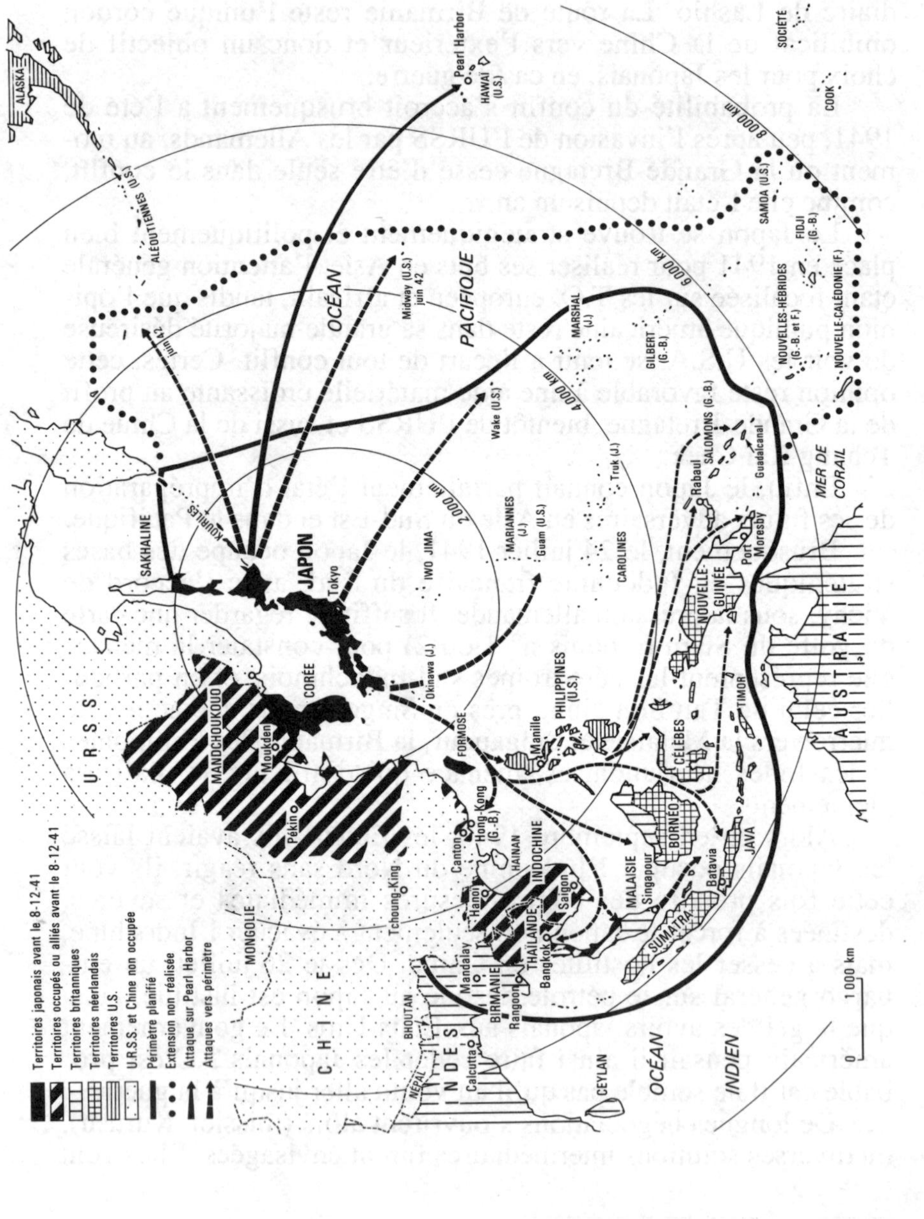

Périmètre défensif japonais

durer jusqu'à l'attaque généralisée japonaise, dont celle de Pearl Harbor le 7 décembre 1941. En Grande-Bretagne, seul Winston Churchill semble, dès le début, avoir pris conscience que les Japonais "étaient en quelque sorte forcés" à faire la guerre.

De fait, les Américains plaçaient le gouvernement japonais devant un choix décisif à prendre rapidement sous la pression du manque de pétrole : la guerre immédiate ou le renoncement définitif dans des conditions humiliantes à la maîtrise du Sud-Est asiatique et du Pacifique. Avant même la décision, les plans d'attaque furent rapidement et très efficacement mis au point en profitant du répit laissé par les négociations. Cette décision ne fut d'ailleurs pas prise sans conflit interne. Le prince Konoye, premier ministre, prêt à des concessions, est remplacé le 17 octobre par le général Tojo, chef de file des partisans de la guerre et de la "Grande Asie". Tojo avait acquis une grande réputation militaire, en particulier en Chine ; il avait été chef d'état-major de l'armée en fin 1938 et ministre de la guerre en juillet 1940.

L'historien Henri Michel a pu dire sans exagération que si la façade du pouvoir, au Japon, est représentée entièrement par la personne de l'Empereur,

> "le pouvoir véritable est au mains de ses conseillers : le gouvernement et le haut-commandement ; en pratique, ils tendent à ne faire plus qu'un, le haut-commandement. Dès avant la guerre, et à plus forte raison pendant tout le conflit, le Japon est soumis à une dictature militaire et l'état-major a été en fait le gouvernement".

LES PLANS JAPONAIS

La genèse en est simple. Pour parvenir à la "sphère de coprospérité", le Japon devait se suffire à lui-même, d'abord en pétrole mais aussi pour quelques autres matières premières dont il était dépourvu, caoutchouc, étain, plomb, nickel, bauxite etc. Cela signifiait une stabilisation provisoire de son installation en Chine, mais surtout la capture et l'exploitation immédiates de la Malaisie, de Bornéo, de Java et Sumatra. Cela signifiait la guerre avec la Grande-Bretagne et ses alliés et, tôt ou tard, avec les Etats-Unis.

Du point de vue militaire, il s'agissait d'abord d'une offensive brutale et rapide permettant d'aller, au plus loin, occuper un périmètre défensif englobant les richesses naturelles convoitées et permettant leur exploitation en sécurité, en particulier sur le plan maritime. Liddell Hart suggère que c'est une stratégie comparable à celle de Hitler, visant à l'occupation de l'URSS jusqu'à une ligne défensive Arkangelsk-Astrakan pour exploiter les ressources de la partie occidentale de l'URSS. A partir de ce périmètre (croquis n° 2), les Japonais espéraient contenir les contre-offensives alliées jusqu'à leur faire accepter le fait accompli, par lassitude. Ces conditions militaires nécessitaient donc la conquête des Philippines et d'autres bases américaines, celles de Singapour et de la Birmanie. Elles nécessitaient surtout la maîtrise de la mer et donc la destruction préalable par surprise de la flotte américaine du Pacifique, basée à Pearl Harbor.

Le cercle défensif idéal à occuper — il sera bientôt agrandi — était déjà immense ; partant des Kouriles et jalonné par d'autres îles fortifiées dont Wake, les Marshall, les Gilbert, les Salomons, la Nouvelle-Guinée, Timor, Java, Sumatra, Singapour, il aboutissait à la Birmanie. Au Sud-ouest, Rabaul en deviendrait le bastion principal.

L'exécution de ce vaste programme d'opérations était redoutablement complexe. Elle faisait appel à la coordination des trois armées, ou plus exactement de deux, puisque le Japon n'avait pas une aviation indépendante, mais que l'Armée de Terre et la Marine disposaient chacune de la sienne propre. Compte-tenu des réserves nécessaires à laisser en Chine, en Mandchourie, Formose etc., les Japonais ne disposaient que de 11 D.I. sur 51, soit 150 000 combattants, 400 000 avec l'administration. Sur le plan "des aviations", ils disposaient d'environ 700 avions de première ligne sur les 1500 existants, et près de 500 avions d'aéronavale basés à terre (Saïgon et Formose).

En raison de ce faible nombre de divisions et de celui des bateaux de transport, il fallait de toute façon, procéder en plusieurs étapes, certaines unités devant participer à plusieurs opérations successives. La réussite totale de la planification de ces différentes opérations, échelonnées dans le temps et dans l'espace, faisant appel à des états-majors non intégrés, aux intérêts souvent divergents, témoigne de l'habileté et de la valeur de ces états-majors, tant dans une évaluation correcte de la résistance adverse que dans le minutage du rassemblement de moyens provenant parfois d'endroits très éloignés les uns des autres.

Quatre interventions différentes avaient été évaluées quant à leurs avantages et leurs inconvénients. La solution choisie fut d'attaquer — en même temps qu'à Pearl Harbor — d'abord la Malaisie, Singapour et les Philippines, puis d'avancer vers le sud pour saisir les Indes néerlandaises de l'est et de l'ouest. L'invasion de la Birmanie devait suivre automatiquement l'occupation de la Malaisie et de Singapour (croquis n° 2).

Les plans définitifs approuvés le 5 novembre, prévoyaient la conquête des Philippines en cinquante jours, de la Malaisie en cent jours et de l'Indonésie en cent cinquante. Il en fallut respectivement cinquante — sauf Corregidor qui résistera six mois — 54 pour la Malaisie et 68 pour Singapour, 90 à 120 pour l'Indonésie.

Les effectifs consacrés à chacune de cette première série d'opérations apparaissent calculés au plus juste : deux à trois divisions (de l'ordre de 45 000 hommes au total) et une division aérienne (environ 300 chasseurs et 125 bombardiers) pour les Philippines ; quatre divisions et trois divisions aériennes pour la Malaisie et Singapour ; deux divisions, portées à quatre après la chute de Singapour, pour les Indes néerlandaises.

La 15e Armée, d'abord composée de deux D.I., devait occuper la Thaïlande consentante et l'isthme de Kra en servant de couverture à l'opération de Malaisie, avant de prendre à sa charge la Birmanie, tout en étant progressivement renforcée à quatre D.I. Son appui aérien propre, la 5e division aérienne, ne lui fut fournie qu'après la chute de Manille et complétée après celle des Indes néerlandaises (croquis n° 2).

Chaque armée devait évidemment tenir compte des particularités de son théâtre d'opérations, mais la stratégie et la tactique de base restaient en gros les mêmes, très simples de conception. Stratégiquement, les bases aériennes de l'adversaire constituent l'objectif principal. Neutralisées par des bombardements et par la destruction de leur potentiel aérien, elles sont conquises au plus tôt par des éléments d'infanterie, parfois parachutés ou aéroportés, remises en service et immédiatement réutilisées pour un nouveau bond en avant de plusieurs centaines de kilomètres. Les forces débarquées avec un appui aérien puissant, ne sont jamais très nombreuses, mais supérieures localement.

Tactiquement, les déplacements à pied sont très rapides, avec une logistique allégée. Contre un ennemi qui résiste sur un front ou sur une route, le débordement et l'encerclement sont la règle absolue ; elle sera sans cesse, et toujours avec succès, appliquée en particulier sur terrain couvert, au point de devenir une obsession pour les Britanniques dans les jungles malaises ou birmanes. Nous y reviendrons en détail au chapitre 7.

L'appui-feu classique de ces déplacements rapides hors des routes est le mortier, de 50 ou de 81 m/m, ou une artillerie de montagne de 65 m/m démontable en charges transportables par des mulets. Le tout est manié avec beaucoup de dextérité par des soldats bien entraînés dont beaucoup ont l'expérience de la guerre en Chine. Contrairement à une légende tenace, ils n'ont pas été spécialement entraînés à la guerre de jungle, mais s'y adapteront très vite. Dans l'attaque comme dans la défense, selon le mot de Slim, qui ne cache pas une certaine admiration pour leur courage, les Japonais font preuve d'une "obstination de fourmi". Leur code d'honneur du Bushido, leur religion principale, le shintoïsme, leur éducation, la propagande officielle, tout les pousse au dévouement envers la patrie, l'Empereur, jusqu'à la mort, littéralement. Etre fait prisonnier est le pire des déshonneurs. Le dénombrement de leurs pertes est éloquent sur ce point. Jusqu'en 1945, même quand ils n'avaient plus aucun espoir, le nombre de prisonniers de guerre faits par les alliés est quasi nul. L'inconvénient est qu'ils étendent cette coutume aux prisonniers qu'ils font eux-mêmes chez les Alliés et, comme ils n'appartiennent pas à la Croix-Rouge, les mauvais traitements, voire les atrocités seront nombreuses.

LE DÉBUT DE LA GUERRE

Du côté allié la surprise sera complète, bien que les Britanniques aient suivi en détail, depuis le 2 décembre, les mouvements maritimes ou terrestres des forces s'approchant de leurs territoires. Mais l'état d'impréparation qui remonte à l'entre-deux-guerres est quasi total. La longueur des parcours logistiques empêchera de faire arriver des renforts substantiels, d'ailleurs très rares, en temps utile. En raison de la lenteur de la mise sur pied d'organisations interalliées efficaces, malgré l'impulsion donnée par Churchill et Roosevelt, l'improvisation sera la règle, souvent en ordre dispersé, avec les moyens du bord. Il y eut toutefois quelques essais de défense commune, comme l'éphémère commandement de l'ABDA (Américains, British, Dutchs, Australiens) ou un commandement naval uni, anglo-américain et néerlandais dans les îles de la Sonde. Le tout fut, bien entendu, sans aucune efficacité, au moins jusqu'à ce que les Japonais aient réussi à occuper le périmètre défensif prévu, à une date qu'on peut fixer vers le 15 mai 1942, qui est aussi la date d'arrivée de la mousson dans le Sud-Est asiatique.

Cette impréparation alliée a des raisons diverses, dont la principale semble être la sous-estimation générale des qualités japonaises, en particulier pour mener des opérations modernes de cette envergure. Du côté britannique, cette lenteur de réaction est accentuée par la priorité accordée par W. Churchill à l'Egypte sur Singapour. Elle peut s'expliquer par sa situation dans le reste du conflit. Le choix n'était pas facile. La menace principale reste bien celle de l'Axe. Même si depuis la fin de juin 1941 elle n'est plus seule à combattre, l'invasion de la Grande-Bretagne est encore possible. Il convient aussi d'aider le nouvel allié soviétique qui, au moment de Pearl Harbor vient à peine de sauver sa capitale, au prix de pertes énormes, et a et aura jusqu'en 1943 la charge principale du combat contre Hitler.

A la conférence de Moscou de septembre 1941, les Britanniques ont promis chars, avions et véhicules et tiennent leur promesse. D'ailleurs les Chiefs of Staffs — les chefs d'état-major des trois armées qui forment ensemble l'organisme principal dirigeant la conduite de la guerre — ont, dès mai 1941, averti Churchill qu'il faudrait de toute façon trois mois pour acheminer des renforts en Extrême-Orient.

Certains renforts furent néanmoins acheminés de la métropole en passant par le Cap, ou à partir des Indes où quelques divisions étaient en cours d'instruction. La plupart de ces maigres renforts seront d'ailleurs dirigés sur la Malaisie et Singapour, jusqu'au milieu de janvier 1942, alors que ces deux objectifs sont déjà condamnés. Par exemple, une des deux D.I. australiennes prélevées au Moyen-Orient arrivera en Malaisie vers le 20 janvier 1942, "tout juste à temps, dira méchamment Duff Cooper, pour augmenter le nombre des prisonniers." L'Australie était déjà elle-même menacée et son gouvernement s'opposa catégoriquement au débarquement de la seconde division en Birmanie.

Pour donner une idée de l'ampleur des premiers désastres, il y eut en quelques jours 11 000 prisonniers à Hong-Kong, renforcé au dernier moment ; 120 000 prisonniers sur 140 000 hommes engagés en Malaisie et Singapour. Les pertes japonaises n'étaient que de 10 000 hommes, le tout en 68 jours.

Quant aux renforts aériens, ils ne pourront bientôt plus parvenir par air au-delà de l'isthme de Kra, les Japonais ayant dès fin décembre rompu la chaîne continue qui permettait de les acheminer jusqu'à Singapour. On dut les charger, démontés, sur des cargos, mais les convois devenaient de plus en plus longs et dangereux, les Britanniques ayant déjà perdu la maîtrise maritime locale. Le pire était d'ailleurs à venir puisqu'en mars 1942, la flotte japonaise qui avait vaincu à Pearl Harbor fit une incursion en Océan indien, et sans aucune perte, attaqua et coula la flotte de commerce dans le golfe de Bengale, bombarda Ceylan, détruisit aux Maldives plusieurs navires de guerre britanniques dont un porte-avions, forçant ainsi la flotte britannique à l'humiliation suprême d'abandonner l'Océan indien et donc l'Inde pour l'Afrique orientale, en vue de la défense de la route maritime vitale du Cap vers le Moyen-Orient. Les Japonais ne continuèrent pas leur croisière et rentrèrent au Japon. Ils s'étaient cependant installés en force dans les îles Andaman et de Nicobar (croquis n° 1) contrôlant ainsi la sortie du port de Rangoon et celle du détroit de Malacca.

Du côté des Indes néerlandaises il y a peu à dire. La garnison ne comptait que 25 000 hommes, peu opérationnels, et quelques 40 000 miliciens. La flotte interalliée ébauchée fut presqu'immé-diatement détruite et la capitulation générale intervint le 10 mars 1942.

Du côte américain le choc de Pearl Harbor tombe sur une armée du temps de paix. Aux Philippines, le commandement de Mac Arthur est très controversé ; malgré un renforcement important obtenu, surtout en aviation (300 avions dont 35 B 17), qui sera détruite au sol en grande partie, il y a peu à espérer d'une garnison de 30 000 hommes et de 100 000 Philippins. Ceux-ci se battront héroïquement plus tard, du moins ceux qui auront pu s'échapper. Pour l'instant elle ne fait pas le poids ; il était d'ailleurs prévu par les plans antérieurs qu'elle ne résiste pas, jusqu'à ce que MacArthur impose son point de vue ; on sait que son départ avant la fin de résistance fut assez mal ressenti par l'opinion civile et surtout militaire sur place. Dès la fin de février, sauf pour Corrégidor, le problème était réglé, avec 110.000 prisonniers de plus aux mains des Japonais. Ils subirent une véritable "marche de la mort" pour rejoindre leurs camps de détention et périrent en grand nombre.

Cependant, l'entrée en guerre des Etats-Unis représente un immense espoir et beaucoup d'atouts pour un avenir qui ne saurait trop attendre. Depuis 1939, son énorme potentiel industriel a commencé à fonctionner au profit des Alliés ; dès le début de 1941, la loi prêt-bail a permis de le faire sans exigence de paiement immédiat. Certains de ses prototypes d'avions sont déjà fabriqués en assez grand nombre, dont l'excellent bombardier B 17, "forteresse volante" et l'avion de transport C 47 (Dakota DC 3). Bientôt, mais pas avant le printemps de 1943, d'excellents chasseurs surpasseront enfin le fameux Zéro[1] japonais, chasseur terrestre et aéronaval, dont l'emploi en masse dès décembre 1941 fut une surprise désagréable pour la chasse alliée, dont il dominait tous les types présents en Extrême Orient.

Du côté naval, par chance, les trois porte-avions américains en croisière, avaient échappé à l'attaque de Pearl Harbor. En outre, fut mise en chantier immédiatement, une flotte de commerce et de guerre qui défie l'imagination par la rapidité de sa réalisation et de la formation de ses équipages : par exemple, deux sous-marins neufs par semaine sortirent dès 1943. Très vite, lorsque leurs torpilles furent au point, ces sous-marins allaient gêner puis paralyser l'exploitation maritime de la "sphère de co-prospérité asiatique". A partir de leur défaite navale cuisante de Midway (juin 1942), les Japonais, qui avaient perdu quatre porte-avions et une bonne partie de leur supériorité aéronavale précédente, se trouveront déjà dans une situation

1. Les matériels japonais recevaient un numéro à deux chiffres, les deux derniers de leur année de sortie — dans le calendrier japonais. A l'année 1940 correspondait l'année japonaise 2 600, d'où l'appellation 00 ou zéro pour ce chasseur sorti en 1940 et celle de 95 ou 97 pour des chars sortis auparavant.

défensive, certes prévue dans leurs plans de base initiaux, mais qui deviendra rapidement intenable.

Mais, pour le moment, les Japonais surclassent les Alliés partout et dans tous les domaines.

CHAPITRE 2

Les conditions géopolitiques du T.O. de Birmanie

Une défaite militaire provient toujours de facteurs multiples qui réagissent les uns sur les autres, en accroissant souvent ainsi la somme globale de la faiblesse qui en résulte. Ainsi un climat et un terrain difficiles peuvent paraître neutres vis-à-vis des deux adversaires, mais si l'un des deux a reçu un mauvais entraînement, les conditions géographiques prennent immédiatement un poids considérable en sa défaveur.

Au début de la campagne de Birmanie, ce phénomène joua un rôle important, entièrement aux dépens des Alliés. Seuls le sang-froid de Slim et le renfort d'une brigade blindée provenant du Moyen-Orient et habituée au combat, permirent à une partie de ses troupes de réussir une retraite très hasardeuse. Car, pratiquement, tous les facteurs d'une défaite totale étaient présents. Nous nous contenterons de les passer en revue dans le présent chapitre en les classant dans les trois domaines classiques de la géographie, de la politique et des facteurs proprement militaires.

APERÇUS GÉOGRAPHIQUES

La Birmanie a une superficie de 680 000 km^2, soit l'équivalent de la France et du Bénélux réunis. Elle s'étend sur 2 000 km du Nord au Sud avec sa longue “queue” bordant le golfe du Bengale (Tennasserim), soit l’équivalent de Saïgon à Tchoung-King. Elle participe donc des deux zones climatiques, tropicale et équatoriale. Elle a des frontières communes, de 1 600 km avec les Indes de l’époque, de 1 600 km avec la Chine du Sud, de 1 600 km avec la Thaïlande, et de 250 km avec le Laos.

Son territoire est très montagneux surtout au nord, mais aussi à l’est et même à l’ouest, constitué de plusieurs chaînes se détachent de l’Himalaya et orientées grossièrement nord-sud, séparées par des vallées importantes. Les sommets atteignent couramment au nord 4 000 à 6 000 mètres, diminuant progressivement vers le sud. La chaîne de l’ouest, à cheval sur la frontière indienne, comprend du nord au sud, les monts Nagas, Chins et l’Arakan, dont les noms sont aussi ceux des populations montagnardes qui les habitent. A l’est, et de la même façon, on peut signaler les monts Kachin, les états Shan et les monts Karen, contigüs à la Chine au Laos et à la Thaïlande. Au centre, une chaîne encore assez élevée sépare les vallées de la Chindwin et de l’Irrawaddy jusqu’à leur confluent, vers Mandalay. Deux autres rivières sont à signaler à l’ouest, la Mayu et la Kaladan, et à l’est, le Sittang et la Salouen. Ce sont des fleuves très larges — l’Irrawaddy peut atteindre 12 km de large en saison des pluies — et navigables sur une grande partie de leur cours. L’Irrawaddy jusqu’à Bhamo, la Chindwin jusqu’à Kalewa, la Salouen jusqu’aux états Shan.

On voit immédiatement que la Birmanie est difficile d’accès par voie terrestre, et historiquement, les invasions vinrent toujours de la mer. Jusqu’à 1939, aucune route ne franchissait les frontières nord-ouest et nord-est du pays. Il est évident également que les voies de communication suivent les vallées, que les itinéraires ouest-est sont très rares et donc les déplacements d’ordre militaire difficiles sur cette orientation.

Les plaines arrosées par ces puissants fleuves, d’abord petites et étroites (Myitkyina, Bhamo, Kalewa), s’élargissent progressivement vers le sud (Mandalay, Promé) jusqu’au delta. Ce sont les seuls terrains vraiment favorables aux chars, en saison sèche. Ces plaines sont, à l’époque, très riches en riz ; la production annuelle est de six millions de tonnes dont 60 % sont exportées. (1er exportateur mondial)

Les autres ressources naturelles sont essentiellement le pétrole (9 millions de barils ou 1,4 m.t par an, ce qui est loin d’être négligeable à l’époque) plus le caoutchouc, le wolfram, l’étain et le tungstène.

La Birmanie a typiquement un climat de mousson aggravé en quelque sorte par sa longue façade maritime occidentale, de Cox’s Bazar à Victoria Point. Une grande saison des pluies s'étend du 15 mai au 15 septembre et une autre beaucoup plus brève autour de Noël. Les pluies de mousson sont diluviennes et gênent bien entendu tout déplacement en rase campagne. Des précipitations annuelles, en fait en six mois, de l'ordre de 5 à 6 mètres, sont habituelles. Encore faut-il nuancer selon l'altitude et aussi signaler la région parfois très sèche située autour du Tropique (Bhamo, Tamu) et la côte toujours très arrosée.

Sur le plan militaire, cela se traduit parfois simultanément par une extraordinaire variété de combinaisons de milieux, de terrains et de climats, la plupart hostiles ou au moins difficiles, allant de la jungle équatoriale, coupée de nombreux cours d'eau appelés chaungs, au désert poussiéreux, en passant par la rizière sèche ou mouillée, aux plateaux couverts de forêts, ou de savane avec ses hautes herbes coupantes, des chaleurs insupportables aux froids les plus vifs. La partie côtière, îlots et presqu'îles de deltas à mangroves, mais aussi les hautes régions sont très insalubres pour tous, surtout pour les Européens, infestés de malaria, de dengue et de dysenterie amibienne. Traverser à pied d'est en ouest, d'Imphal à Indaw comme le feront les commandos de Wingate dans son premier raid, revient à passer sans transition de sommets glacés à des vallées étouffantes. Bref, c'est un pays très difficile pour y mener de longues opérations, les anciens d'Indochine me comprendront aisément. En outre, les pistes non empierrées sont impraticables de septembre à mai. Ces difficul tés naturelles expliquent pour les belligérants l'importance des rares voies de communication existantes et celle d'en aménager de nouvelles. En dehors des voies navigables, il existait essentiellement en 1941 une voie ferrée, en partie métrique, allant de Rangoon à Lashio, passant par Mandalay, avec de nombreux embranchements plus ou moins longs vers des centres d'extraction de minerais ou d'exploitations diverses. Un de ces embranchements menait de Mandalay à Myitkyina. Ces voies ferrées formeront les artères principales de la logistique, d'abord britannique, puis japonaise. Elles étaient complétées par quelques rares bonnes routes :

- de Rangoon à Meiktila par Promé,
- de Rangoon à Mandalay, doublant la voie ferrée par les vallées du Sittang et de l'Irrawaddy ;
- une seule route ouest-est prolonge celle de Meiktila jusqu'à Keng-Toung par Loïlem. Elle a de ce fait une importance militaire considérable, d'autant plus qu'elle se trouve à faible portée de la Thaïlande par plusieurs pistes, venant de Chieng-Maï, terminus de la voie ferrée de Bangkok, remises en état de décembre 1941 à

mars 1942 par une division japonaise, utilisant de la main d'œuvre locale.

Plus tard, en 1943, une voie ferrée reliera Bangkok au réseau birman par la vallée du Sittang, construite également par les Japonais, y compris le fameux pont de la rivière Kwai (croquis n° 1), permettant ainsi une voie ferrée continue de Singapour à Lashio ou Myitkyina.

Du côté allié, outre la route de Birmanie, on a prévu des routes modernes reliant la vallée du Brahmapoutre (Calcutta à Lédo) — axe principal logistique — à celle de l'Irrawaddy, mais pratiquement rien n'a été fait en décembre 1941, et c'est par l'axe du Brahmapoutre qu'il faudra commencer, en raison de sa fragilité aux intempéries et de l'insuffisance de son débit jusqu'alors consacré à l'évacuation de la production de thé !... Mais n'anticipons pas.

On peut pour finir cet aperçu géographique, déterminer cinq terrains principaux où se dérouleront les opérations :

— l'Arakan et sa zone côtière,
— le terrain d'Imphal à Indaw et aux monts Kachin,
— le nord-est et l'est, front sino-américain de Lédo, à Myitkyina et Bhamo,
— la région d'Imphal-Kohima, sur le territoire indien,
— enfin la plaine de Mandalay-Meiktila.

APERÇUS POLITIQUES

Dans ce domaine également, aucun pays n'est moins prêt que la Birmanie à résister à une invasion par surprise. La population compte environ 16 millions d'habitants dont 9 sont de race et de langue birmanes. Les villes principales sont Rangoon, la capitale (400 000 h), Mandalay, l'ancienne capitale (150 000 h), et le port de Moulmein (65 000 h). Les Birmans sont boudhistes à 85 % ; il existe de nombreuses et fortes minorités, en général installées dans les montagnes périphériques, qui souvent resteront fidèles aux Britanniques, par haine atavique des Birmans. Principalement les Karens (1,6 mh) mais aussi les Nagas, les Chins, les Chans et les Kachins, les Arakanais, dont quelques musulmans, etc. Toutes ces minorités formeront des éléments précieux pour le renseignement militaire, pour guider les commandos, voire pour constituer des "levies" c'est-à-dire des éléments de résistance armés et encadrés.

Les Birmans pour leur part, en dehors des nationalistes, se montreront plus indifférents qu'enthousiastes à l'arrivée des Japonais, et les plus enthousiastes ne le resteront guère longtemps devant les exactions de leurs nouveaux maîtres. Quant à la forte minorité indienne (environ 1 million) qui tient une grande partie du commerce local, elle essaiera de fuir pour regagner les Indes, dans des conditions très difficiles.

Annexée d'abord à l'Empire des Indes, la Birmanie a reçu en 1937 une certaine autonomie, intermédiaire entre le statut de dominion et celui de colonie de la Couronne, avec un gouvernement local encore très dépendant d'un gouverneur britannique. Son chef, Ba-Maw, issu du parti Nunthan, comparable à celui du Congrès Indien, sera d'ailleurs emprisonné en 1940. De toute façon, responsable de sa propre armée, il n'a guère développé que quelques régiments-frontières et de police pour lutter contre les Dacoïts, bandits et pillards de grand chemin, plaie endémique de la Birmanie.

Les extrémistes (parti Thakin), sont, pour leur part inféodés aux Japonais dès avant 1941. Instruits militairement à Tokyo ou Haïnan, certains d'entre eux accompagneront l'armée japonaise dans son invasion et commettront de telles exactions que les Japonais eux-mêmes les licencieront dès juillet 1942. En août, les Japonais formeront un gouvernement nippo-birman et recruteront quelques unités militaires. Ba-Maw fut mis à la tête de ce gouvernement qui devint "indépendant" un an plus tard mais sous un étroit contrôle japonais, ayant surtout pour but de favoriser la mise en coupe réglée des richesses économiques du pays. Ba-Maw et surtout le général Aung-San[1] finiront par passer des accords secrets avec les Britanniques et se rallieront complètement en avril 1945.

Quant à l'organisation politico-militaire de 1941, c'est un véritable casse-tête qu'il est vain de vouloir décrire en détail. Disons seulement que, rattachée directement aux chefs d'état major de Londres (C.O.S.) dès le début de la guerre de 1939, la préparation d'une défense birmane n'apparut pas comme une priorité même pour le nouveau Commandement d'Extrême-Orient (novembre 1940) basé à Singapour et dont elle dépendit un moment. L'erreur de base était que personne ne s'attendait à ce que la Birmanie soit attaquée. On peut dire aussi que dans les seize mois cruciaux qui précédèrent l'attaque japonaise la Birmanie changea cinq fois de rattachement militaire et donc de responsable militaire, notamment du 30 décembre 1941 au 25 février 1942, celui de l'ABDA, que nous avons déjà évoqué, siégeant à Java et que seul le général Wavell, vieil habitué des situations désespérées, voulut bien assumer en même temps que celui des Indes !... Pire, la Birmanie changea aussi de rattachement logistique dont un différent de son commandement opéra-

1. Père de Mme Aung-San Suu-kyi, prix Nobel de la Paix en 1991.

tionnel ! Ce n'est qu'à la fin de la résistance armée aux Indes néerlandaises et à la fin de l'ABDA que l'on revint à la seule solution sage du rattachement intégral à Delhi, préconisé par tous les chefs des commandements précédents.

Mais il était bien tard. Ce n'est pas de cette confusion que pouvait naître une armée bien solide, en tout cas à la hauteur de son adversaire, soigneusement préparé. Notons aussi que l'évacuation des civils n'avait pas été prévue et que plus d'un million de réfugiés birmans ou indiens encombreront les rares routes et pistes dans le plus extrême dénuement, fort mal accueillis localement. Moins de la moitié parviendront aux Indes.

Il convient, dans ces aperçus politiques, de dire un mot de la Chine, puisque celle-ci va participer à la campagne à côté des Britanniques. Encouragé cette fois par une partie de son opinion publique — on a même parlé d'un "lobby chinois" assez sentimental, où la romancière Pearl Buck joua un rôle non négligeable — Roosevelt a déjà fait beaucoup pour Tchang Kai-Chek, depuis 1937, autant que lui permettait en temps de paix une politique officielle de neutralité, et même au delà. Il a encouragé, dès 1937, le célèbre aviateur Claire Chennault à devenir en quelque sorte le conseiller et le rénovateur d'une aviation chinoise moderne. Chennault était un spécialiste de la chasse mais aussi un partisan passionné de la doctrine du général Douhet[3], c'est-à-dire un partisan de l'aviation considérée comme l'arme absolue.

D'autres Américains, William Pawley, Bruce Leighton, dont un conseiller du président, le Dr Lauchlin Curril, essaient aussi sur place d'aider les Chinois, en étroite liaison avec l'administration américaine. Ils obtiennent d'abord une aide de trente millions de dollars pour former trente divisions chinoises modernes, acheter des avions et construire des aérodromes. Le 1er décembre 1940, cette aide est portée à 100 millions de dollars, dont 25 pour l'aviation. Ce programme, approuvé par Roosevelt dès le 19 décembre 1940, prendra néanmoins un certain retard en raison d'une priorité accordée à la Grande-Bretagne et même — pour les B.17 — aux besoins propres des Etats-Unis. Quoi qu'il en soit, c'est le début d'une aide sérieuse à la Chine, sanctionnée par l'accord prêt-bail dès le 11 mars 1941. Elle est cependant restée faible jusqu'en décembre 1941, en raison des difficultés d'acheminement, dont l'amélioration est planifiée pour juin 1942.

Cependant, au printemps 1941, Chennault a été autorisé à recruter, dans l'armée US, des pilotes volontaires, sévèrement sélectionnés, que l'on transforme en civils grassement payés.

---

3. Giulo Douhet, général italien, théoricien, pendant l'entre-deux-guerres, de l'aviation employée en masse pour emporter la décision militaire.

Avec une centaine de Curtiss P 40 B (Tomawakh), il crée sept à huit escadrons de chasse de l'A.V.G., (American Volunteer Group), opérationnels en septembre 1941, et qui deviendront célèbres sous le nom de Tigres Volants. Il a poursuivi en Chine, et même en Birmanie avec l'accord des Britanniques, l'entraînement de ses pilotes et commencé celui des pilotes chinois. Il a mis au point une nouvelle tactique de combat, associant en permanence deux chasseurs américains. Cette tactique fera merveille, même contre les Zéros japonais, aux performances techniques pourtant supérieures. Reprenant du service en juillet 1942 comme général, il deviendra le chef de l'aviation chinoise et jouera un rôle important dans l'installation en Chine de la XIVe US Air Force (USAF), en vue d'attaques directes sur Formose, puis sur le Japon lui-même. Nous y reviendrons.

Suivant les premiers avis d'une mission permanente américaine, créée au début de juillet 1941, l'AMMISCA (American Military mission to China) et envoyée sur place en octobre 1941, Roosevelt est décidé à aider la Chine par tous les moyens, peut-être sans illusion sur le rendement futur d'une armée chinoise, mais gardant à l'esprit qu'elle immobiliserait en tout cas, de l'ordre de 25 divisions japonaises. Dès décembre 1941, fut envoyé auprès de Tchang, le général Stilwell, choisi par le général Marshall, qui avait été son instructeur à West-Point et l'estimait beaucoup. Surnommé "Vinegar Joë" en raison de l'acidité de son caractère, Stilwell est aussi une très forte personnalité qui, même aux yeux des Américains apparaît comme un phénomène, entre autres pour la verdeur incroyable de son langage. Ayant passé antérieurement quinze ans en Chine, il pratique parfaitement plusieurs langues locales. Il croit fermement qu'avec une instruction convenable, un armement et une logistique adaptés, le Chinois peut faire un excellent soldat. Il finira par démontrer cette thèse, malgré toutes les difficultés qu'il rencontra auprès de Tchang, jusqu'à ce qu'il soit relevé à la fin de 1944, pour incompatibilité d'humeur. Obstiné, d'une parfaite loyauté, il ignore superbement la corruption endémique chez les "seigneurs de la guerre". Cette corruption était telle qu'elle faussait par exemple les statistiques du débit de la route de Birmanie. On a compté que pour 5 000 tonnes arrivées à Tchoung-King, 14 000 tonnes partaient de Lashio. La différence, pour un trafic considéré pourtant comme vital, s'évanouissait en cours de route au profit de besoins particuliers. Mais revenons à Stilwell qui reçoit le triple rôle :

— de dispensateur des matériels de la loi prêt-bail,
— de chef d'état major de Tchang,

— de commandant de toutes les troupes américaines résidant en Chine, y compris les aviateurs.

Le théâtre d'opérations chinois va être, le 29 décembre 1941, élevé au rang de T.O. interallié avec Tchang comme commandant supérieur, ce qui n'est que justice, mais restera longtemps purement symbolique.

Dès son arrivée, Stilwell s'attribue également le commandement des troupes chinoises devant intervenir en Birmanie et il le tiendra réellement, à 60 ans, en y déployant une activité physique extraordinaire et des qualités d'entraîneur d'hommes hors du commun.

Slim et lui s'apprécieront mutuellement dès leur première rencontre, ce qui sera précieux dans l'avenir car, habituellement, Stilwell n'aime guère "les Angliches" et le fait savoir. Pour le moment, lors de la première réunion interalliée à Tchoung-King, fin décembre, Tchang promet tout ce que l'on veut, et en particulier, l'intervention de trois armées chinoises — au total neuf divisions — d'un effectif équivalent à six divisions alliées.

Tout cela à la double condition qu'elles disposent d'une zone d'intervention réservée et qu'elles soient ravitaillées sur place. Les Américains présents à cette réunion sont surpris et même scandalisés par l'attitude de Wavell, limitant l'aide chinoise à deux escadrons de Tigres Volants et deux petites D.I. chinoises sous prétexte d'une logistique insuffisante. Il croit encore à cette époque que la Birmanie n'est pas menacée dans l'immédiat et que des renforts suffisants anglo-indiens arriveront en temps utile. Il faut voir aussi, bien entendu, derrière cette attitude, à la fois une sous-estimation de l'ennemi japonais et la méfiance des Britanniques devant l'installation en force de Chinois sur un territoire de l'Empire. Ils ont d'autre part une évaluation assez juste des possibilités réelles chinoises du moment. Disons aussi que dans un proche avenir, Tchang ne manquera pas effectivement de monnayer son intervention par un véritable chantage qui finira par exaspérer Roosevelt lui-même.

Pour comprendre ses nombreuses tergiversations, ses remises en cause d'accords déjà passés, il faut avoir bien conscience que sous des apparences d'Etat fort, la Chine nationaliste de Tchang Kai-Chek était, est et restera toujours fragile et à la merci de conspirations des chefs militaires, "véritables propriétaires de leurs troupes et de leur matériel".

Un exemple typique de cet état d'esprit est rapporté par le futur maréchal Alexander. En visite sur le front chinois en Birmanie, il demande à un général chinois où était disposée son artillerie. A sa grande surprise, il s'entend répondre qu'elle avait été laissée en arrière, et le général chinois ajoute ce commentaire :

> "Si la 5e armée [chinoise] est considérée comme la meilleure de notre pays, c'est parce que c'est la seule qui possède des canons de campagne de qualité. Je ne peux pas courir le risque de les perdre sinon la 5e armée ne serait plus la meilleure."

De la même manière, Tchang préférera toujours engager le moins possible ses propres troupes et laisser faire le travail par les Alliés pour les conserver jusqu'à la fin et les avoir encore contre celui qu'il considère comme son ennemi principal, c'est à dire Mao Tsé-Toung.

Mais pour le moment c'est le maintien de la route de Birmanie qui est en cause et les Chinois sont prêts à intervenir… pas trop au sud.

Pour conclure sur ces aperçus politiques, il est clair qu'en définitive, il n'existe pas encore de commandement unifié interallié, ce qui ne sera instauré que beaucoup plus tard, en fin 1943. Pour le moment, il est partagé entre Wavell depuis Delhi, et les Chinois de Stilwell, ce qui exige des prodiges de diplomatie, et beaucoup de temps et d'efforts gaspillés.

APERÇUS MILITAIRES

Nous avons évoqué dans une partie précédente, consacrée aux plans japonais, la place qu'ils reconnaissent à la Birmanie, objectif important mais de seconde urgence, destiné à :

- achever l'isolement de la Chine,
- contenir sur un terrain favorable, les tentatives de reconquête alliée,
- profiter des ressources naturelles, surtout en pétrole et riz.

Donc, engagement prudent, avec deux divisions, moins un régiment prévu pour la prise de Guam et de Wake et, suivant le déroulement de la bataille de Malaisie, prise des aérodromes du Tennasserim vers le 15 janvier, et engagement général. A noter cependant des bombardements sérieux de Rangoon, autour de Noël 1941, vite interrompus en raison des pertes infligées par les Tigres Volants, la RAF et par l'efficacité d'une installation radar, malheureusement unique. Le but poursuivi, désorganiser les installations portuaires de Rangoon, sera néanmoins partiellement atteint en raison de la fuite d'une bonne partie de la main d'œuvre locale.

Dans l'organisation de l'armée japonaise règne l'ordre tertiaire. La division d'infanterie est l'élément tactique de base, comprenant des éléments de chaque arme, y compris des blindés le cas échéant. Elles sont regroupées en nombre variable au sein d'une armée, le 15e armée à cette époque en Birmanie. L'échelon intermédiaire du corps d'armée (C.A.), n'existe donc pas comme dans les armées occidentales. La division compte généralement un effectif de 15 000 hommes, variable en plus ou en moins. Elle se compose essentiellement de trois régiments d'infanterie, transportés par camions, mais manœuvrant à pied et d'unités divisionnaires : 1 régiment d'artillerie de campagne (R.A.), tractée ou de montagne, 1 régiment du génie (R.G.), un régiment de transport, une compagnie de transmissions. Les éléments de logistique sont assez faibles ; l'habitude est de vivre sur le pays conquis. Les stocks de sécurité, y compris en munitions, comprennent rarement plus de dix jours de combat, habitude prise en Chine, qui n'aura évidemment aucune conséquence pendant la conquête, en raison de sa rapidité et du nombre de stocks saisis. Au sein du R.I. et toujours par trois, existent les échelons classiques du bataillon, de la compagnie et de la section.

La D.I. est commandée par un lieutenant-général. Une seule particularité notable dans son état-major, l'existence d'un major-général, commandant de l'infanterie avec quelques officiers d'état-major. Cet officier général est destiné à prendre normalement le commandement de toute force ou “colonne” interarme d'une certaine importance, menant une action isolée à part du corps principal de la D.I. Cette colonne prend généralement le nom de son chef, nous en verrons des exemples. Les groupements provisoires interarmes plus légers, sont classiquement formés autour du R.I., dont le colonel prend le commandement. Un peu comme dans l'armée allemande, avant Hitler, une assez grande liberté d'action est laissée aux commandants d'unités sur le terrain.

A l'échelon de l'Armée existent généralement des réserves de transmissions, de transport, du génie et d'artillerie, données en renforcement aux D.I ou aux colonnes. Il en est de même des chars. L'armée japonaise en comptera environ 150 à la conquête, à partir de mars 1942, jamais plus de 200 par la suite. Ils sont de type 95 ou 97, assez anciens et médiocres. Les Japonais possèdent également des troupes parachutistes, en assez faible nombre, qui seront souvent utilisées par petits détachements pour la saisie d'un objectif limité, mais essentiel à une progression rapide. C'est également à l'échelon de l'Armée qu'est organisé l'appui aérien, bombardement et chasse, dont on sait qu'il est essentiel dans ce pays.

Ordre de bataille de la 15e armée japonaise en décembre 1941

QG de la 15° Armée (en Thaïlande)
Lieutenant général S. IIDA

Unités d'Armée

2 Cies de transmissions (fil)
2 Cies de transmissions (radio)
1 unité logistique de secteur (transport)
2 Cies logistiques indépendantes motorisées
1 Cie logistique indépendante hippomobile
1 hôpital de réserve générale.

33° DI. — *Lieutenant général S. Sakuraï*

33° état-major d'Infanterie - Major-général M. Araki

— 213° RI Colonel K. Miyawaki
— 214° RI Colonel T. Sakuma
— 215° RI Colonel M. Harada
— 33° RA de montagne
— 33° R. du génie
— 33° R. du train
— Unité médicale divisionnaire
— 2 hôpitaux de campagne
— Sections vétérinaires et de dépannage

55° DI — *Lieutenant général Y. Takeuchi*

— 112° RI Colonel S. Tanahashi
— 143° RI Colonel M. Uno
— 55° Rgt de caval. (– 1 Escadron)
— 55° RA de montagne (– 1 bie)
— 55° R.G. (- 1 Cie)
— 55° R. du train (- 2 Cies)
— Unité médicale divisionnaire
— 1 hôpital de campagne
— Sons vétérinaires et de dépannage

Notes :

— Le 3° RI de la 55° DI détaché avec l'état-major d'infanterie à la conquête de Guam et de Wake rejoindra plus tard.
— L'effectif global est de 35 500 hommes, 700 chevaux, 55 camions tactiques et 570 camions de transport.

Slim le dit très bien :

> "L'importance des forces aériennes est évidente sur tous les théâtres d'opérations, mais en Birmanie elle fut, dès le début, le facteur dominant... Cependant, les attaques aériennes à elles seules, ne réussirent jamais à stopper le mouvement, de l'un ou de l'autre côté".

Pour l'époque, l'appui aérien japonais fonctionne très convenablement, malgré l'absence de radars et des transmissions air-terre parfois déficientes. Des aviateurs sont détachés dans les unités appuyées pour guider les avions. La 15e Armée sera soutenue par la 5e division aérienne qui ne cessera, de janvier à mai, de recevoir des renforts, culminant à 300 chasseurs et 150 bombardiers. Jusqu'à mars (près de Rangoon), les Alliés avaient pu lutter à égalité grâce au renfort des Tigres Volants et au radar de Rangoon. Après des pertes sévères à partir du 15-20 mars, ils furent obligés d'évacuer les aérodromes birmans, laissant l'armée de terre livrée à elle-même.

La 15e Armée japonaise, commandée par le lieutenant-général Iida, comprend au début de la campagne la 33e D.I. (Sakuraï), venant de Nankin, arrivée par mer en Thaïlande, le 10 janvier et la 55e D.I. (Takeuchi), venant d'Indochine par voie terrestre dès le 8 décembre (voir tableau). Elles seront renforcées en février-mars par la 56e D.I. venant du Japon et la fameuse 18e D.I. (Mutaguchi) qui, de Chine du Sud, est allée d'abord en Malaisie et a eu un rôle essentiel dans la prise de Singapour.

Du côté des Chinois, qui n'ont aucune logistique digne de ce nom, même sur le plan médical, trois armées seront finalement engagées, c'est-à-dire un effectif de neuf petites divisions, environ 100 000 hommes. Certaines demeurèrent très au Nord (croquis n° 3). Malgré les efforts de Stilwell, le dispositif resta très étalé, donc faible. Certaines D.I. se désagrégèrent au premier effort japonais contre elles. En revanche, la 200e D.I. résistera brillamment aux Japonais, mais pendant une quinzaine de jours seulement. La 38e D.I., sous le commandement du général Sun-Li-Jen, formé aux Etats-Unis et qui deviendra le préféré de Slim, jouera aussi un rôle certain dans la campagne.

Du côté britannique, l'organisation théorique de l'armée de terre n'est pas en définitive très différente de celle des Japonais. L'unité de base est également la D.I., avec ses appuis d'artillerie, du génie et de transport ; elle est cependant entièrement motorisée, ce qui n'est pas forcément un avantage dans un pays où il y a peu de routes. Autre particularité : elle comprend organiquement trois brigades (ou deux s'il s'agit d'une D.I. légère), aux ordres d'un brigadier-général, avec un petit état-major. La brigade a un effectif de l'ordre de 3 000 fantassins ; elle peut rece-

Croquis n° 3

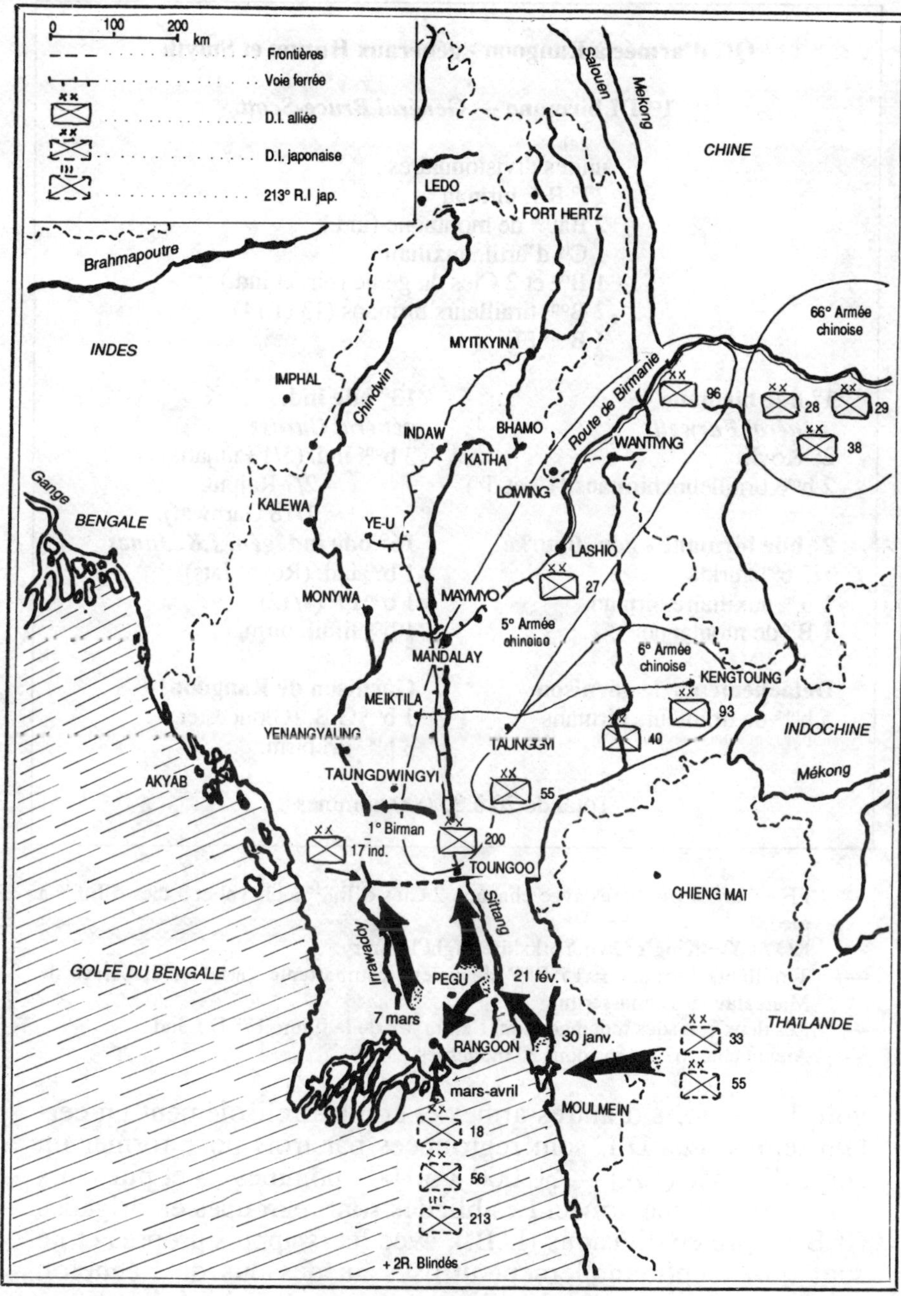

Avance japonaise
20 janvier - 19 mars 1942

Ordre de bataille (O.D.B.)
de l'armée de Birmanie (britannique) le 27.12.1941

QG d'armée à Rangoon - généraux Hutton et Smyth

1re DI birmane — *Général Bruce-Scott*

unités divisionnaires :
27° R.I. birman
2 Bat^{ies} de montagne (ind.)
1 Cie d'artil. auxiliaire
1 B^{on} et 2 Cies du génie (bir. et ind.)
2 B^{ons} tirailleurs birmans (13 et 14)
4 B^{ons} FF

1° bde birmane - ***général Farwell*** 2° Koyli 2 b^{ons} tirailleurs birmans (1er et 5°)	**13° bde ind. -** ***général Curtiss*** 3 b^{ons} ind. (5/1 Punjab, 2/7 Rajput, 1/18 Garhwal).
2° bde birmane - *gén. Bourke* 1/7 b^{on} gurkta 1 b^{on} auxiliaire birman 1 B^{ie} de montagne	**16° bde ind. *gén. J.K. Jones*** 1 b^{on} ind. (Royal Jats) 1 b^{on} FF (4/12) 1 b^{on} tirail. birm.
Détachements de garnison 5 b^{ons} de tirailleurs birmans	**Garnison de Rangoon** 1 b^{on} G.B. (Gloucester) 3 b^{on} tir. birm.

Total de 20 à 25 000 hommes

— FF = Forces frontières avec chacune 2 Cies d'Inf.^{ie} à cheval et 3 cies d'Inf.^{ie} à pied.
— KOYLY = King's Own Yorkshire Light Infantry.
— Tirailleurs birmans = 15 B^{ons} de valeur combattante variable, dispersés de Mandalay au Tennasserim.
— Les deux brigades indiennes sont l'embryon de la future 17° D.I. ind.
— Aucun char, 57 avions dont 20 modernes.

voir des renforts d'autres armes et combattre isolément un certain temps. Les D.I. sont regroupées par trois pour former un corps d'armée (CA) — 30 000 à 50 000 hommes — et plusieurs C.A. forment une armée. Les blindés sont regroupés en brigades (B.B.) voire en divisions (D.B.), avec leurs appuis propres et ne sont qu'exceptionnellement utilisés au dessous de l'échelon escadron. Mais pour le moment, on est très loin d'une organisation classique en Birmanie. L'ordre de bataille du 27 décembre 1941 (voir tableau ci-joint), ressemble à une mosaïque très bigarrée ou, si l'on préfère, à un inventaire à la Prévert. C'est une improvisation complète, aggravée si l'on peut dire, par le fait que les renforts organisés ont été pendant trop longtemps dirigés sur Singapour. Il a donc fallu littéralement "racler les fonds de tiroirs" d'une armée mal instruite et préparée à d'autres tâches : garnisons, régiments-frontières, police, etc. Le P.C. de l'Armée de Birmanie est à Rangoon. La 1re D.I. birmane comprend quinze bataillons de fusiliers, montagnards et deux bataillons d'active britanniques (Gloucester et Yorkshire), laissés sur place après 1937, mais qui ne comptent plus que 4 maigres compagnies. Elle a une brigade dans le sud des états Shan pour garder la route d'invasion probable venant de la Thaïlande. Six bataillons indiens regroupés en deux brigades ont été intégrés à cette division birmane en attendant l'arrivée des Indes de leur division (la 17 D.I. indienne) en fin d'instruction spécialisée dans la guerre du désert ! L'une de ces brigades est à l'extrême sud, à Moulmein, et s'efforce de constituer un front pour défendre la Salouen. L'autre est à Mandalay, où a été prise la judicieuse précaution de stocker munitions, armements, camions et vivres, près de la voie ferrée. Cette précaution se révèlera très précieuse pendant toute la retraite après la chute de Rangoon (8 mars 1942).

Au total, 20 à 25 000 hommes dont le nombre ne fera pas longtemps illusion. C'est le général Hutton, qui vient de quitter le poste de chef d'état-major de l'armée des Indes, qui commande provisoirement cette "Armée de Birmanie" — une division à deux brigades et une seconde division en formation — Le général John Smyth, héros de la guerre de 1914-1918, mais de santé fragile, n'arrive à Rangoon qu'au début de janvier pour en prendre le commandement.

Quant à l'aviation, en dehors des deux escadrons de Tigres Volants, elle ne compte que 57 avions de la RAF, dont une vingtaine de bombardiers Blenheim peuvent être considérés comme modernes.

Cette "Armée" d'une vingtaine de bataillons valables avec environ trois groupes d'artillerie de montagne,une force auxiliaire birmane très médiocre, c'est très peu, si on la compare aux forces qui termineront la guerre en mai 1945 en Birmanie, 350 000 Indiens, 100 000 Britanniques, 90 000 Africains, 65 000 Chi-nois, 10 000 Américains, soit plus de vingt D.I. et deux D.B. à effectifs pleins, ayant déjà toutes combattu, appuyées par 47 escadrons d'aviation US et 51 de la RAF composés d'avions modernes et ayant l'entière maîtrise du ciel.

Et quant à la qualité de la petite armée de 1942, si sa bravoure n'est pas en cause, on peut dire d'elle que son commandement est trop centralisé. Wavell, écrasé de tâches urgentes et nombreuses tient néanmoins à conserver la haute main sur la conduite des opérations de Hutton, mettant à plusieurs reprises l'ensemble du dispositif en danger, les témoignages de Smyth, de Hutton mais aussi de Slim concordent sur ce point.

Compte tenu de leur degré d'instruction et de l'improvisation générale, les troupes firent ce qu'elles purent, bravement, mais sans retarder beaucoup l'ennemi. Les faibles renforts accordés ne combleront qu'une partie des pertes subies et l'on conserva jusqu'en mai le dispositif des deux divisions (1re birmane et 17e indienne) que l'on appela plus justement Corps d'armée birman ou Burcorps, à partir de mars. Seule l'arrivée in extremis de la 7e brigade blindée au complet, venant du Moyen-Orient où elle avait combattu en unité constituée avec ses appuis normaux, permettra d'accepter un combat plus équilibré à partir de mars. Mais les Japonais, de leur côté, avaient été également renforcés et avaient acquis la maîtrise aérienne. La retraite fut donc des plus difficiles. Les survivants arrivèrent en Chine ou aux Indes complètement à bout de forces et ayant abandonné peu à peu tout leur matériel.

CHAPITRE 3

La grande retraite

Quelques épisodes caractéristiques de la “grande retraite” suffiront à montrer la faiblesse alliée et la supériorité japonaise, dont les causes proches ou lointaines viennent d’être expliquées.

La retraite peut être divisée en deux périodes chronologiques :

— du 20 janvier au 8 mars jusqu’à la prise de Rangoon[1] sous le commandement de Hutton et Smyth,
— de mars au 15 mai, sous le commandement d’Alexander et de Slim, en coopération avec les Chinois de Stilwell.

Le but militaire réel de cette deuxième phase, simple action retardatrice, espoir de rester en Birmanie, sauvegarde des Indes,ne fut jamais très clairement exprimé. Après coup, comme il arrive souvent, on tenta de montrer qu’il s’agissait de gagner du temps jusqu’à la mousson pour organiser la défense des Indes, tout en sauvant le maximum de survivants du Burcorps.

1re PHASE — 20 JANVIER-8 MARS 1942

La 15e Armée japonaise avait occupé la Thaïlande dès le 8 décembre 1941, avec la complicité tacite du gouvernement local. Jusqu’au 20 janvier, son rôle avait été :

---

1. qui concrétise la rupture de la dernière liaison terrestre de la Chine avec le monde libre.

Croquis n° 4

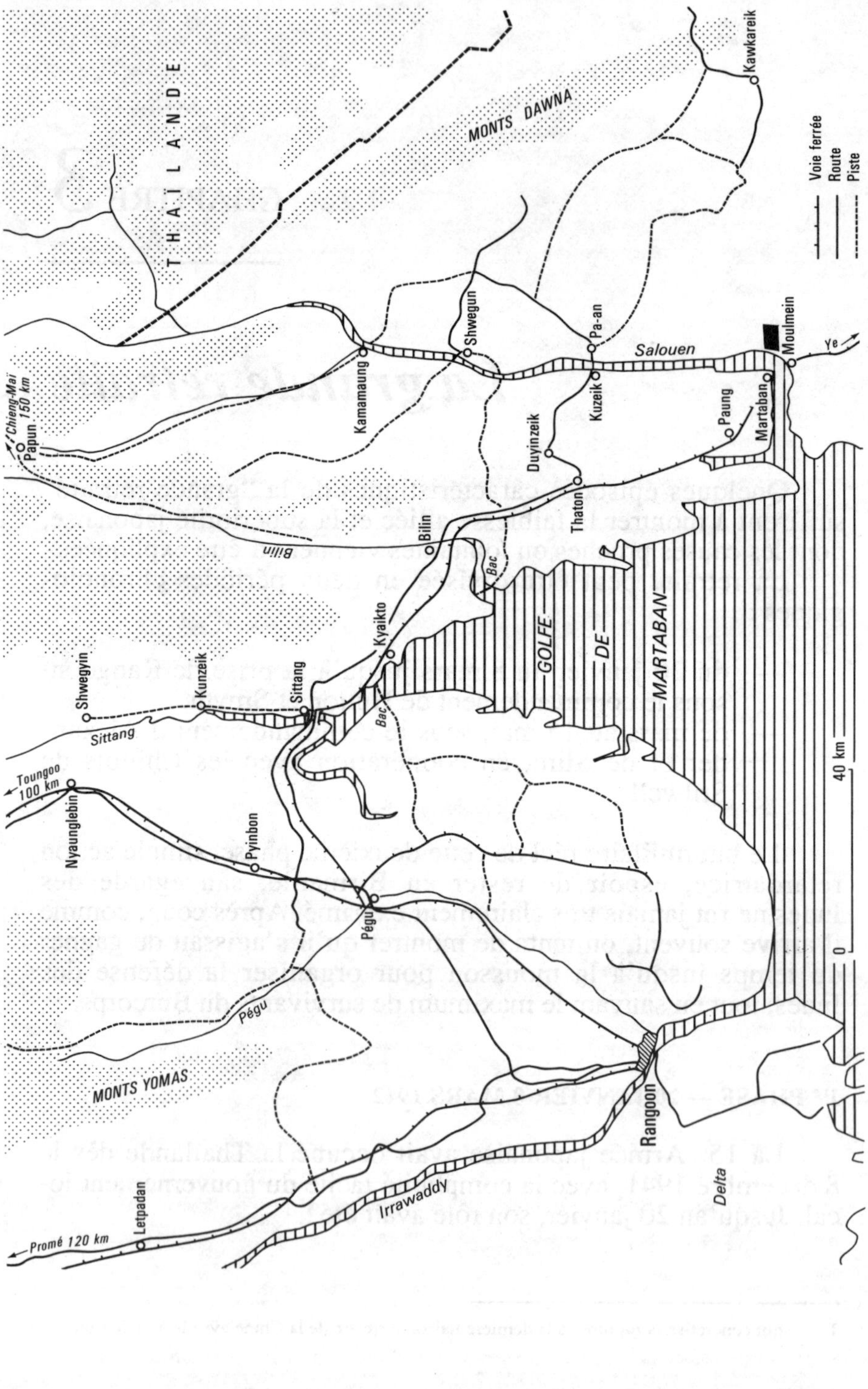

Moulmein-Rangoon (janv.-mars 1942)

— de couvrir l'opération de Singapour,
— de bombarder Rangoon la semaine de Noël (au prix de 50 avions abattus contre 10 alliés),
— d'aménager les pistes partant de Chieng-Maï vers la frontière,
— de s'emparer enfin des aérodromes de l'extrême sud (Victoria, Mergui, et Tavoy) entre le 15 et le 23 janvier.

L'objectif suivant était évidemment de s'emparer de Rangoon au plus vite, par la route et voie ferrée de Ye à Moulmein et par la piste du nord passant par Papun jusqu'au Sittang, seul véritable obstacle, après la Salouen, à une avance rapide (croquis n° 4).

Pour "tenir ce front immense de jungle", le malheureux général Hutton ne disposait encore que de deux fantômes de divisions, en fait deux brigades, la 16e indienne (J.K. Jones) et la 2e birmane (Bourke), le reste de la 1re D.I. birmane (général Bruce-Scott) couvrant encore dans les états Shan un débouché direct des Japonais avant que les Chinois ne prennent le secteur leur charge. La 17e D.I. indienne de Smyth ne fut réellement constituée qu'au début de février, avec les deux brigades précédentes, encore très mélangées, plus la 46e brigade et surtout la 48e brigade venant des Indes avec trois solides bataillons gurkhas (général Hugh Jones). Smyth reçut en même temps un général adjoint, Cowan, qui va prendre très vite sa succession à la 17e Indienne, dont il gardera le commandement jusqu'en 1945.

Dès le 21 janvier, Wavell imposant déjà de tenir "chaque pouce de terrain", la 16e brigade indienne subit une attaque en force de la 33e division japonaise. Elle dut procéder à un repli sur Moulmein, "à faire dresser les cheveux sur la tête" suivant l'expression de Smyth. Elle dut ensuite, après 48 heures d'un combat acharné jusque dans la ville, évacuer le port où les éléments de la 2e brigade birmane se battirent efficacement et infligèrent pour la première fois des pertes assez lourdes aux Japonais. Mais l'évacuation du port sur des bateaux poussifs et la traversée de l'embouchure, véritable bras de mer de 16 km de large, tint du miracle ; inexplicablement, l'aviation japonaise n'intervint pas. La brigade avait encore perdu 600 hommes et la quasi totalité de ses véhicules (croquis n° 4).

Cependant Wavell, toujours dans le but de faire débarquer le maximum de renforts à Rangoon, imposa une nouvelle bataille d'arrêt le long de la rivière Bilin, assez piètre obstacle, guéable en plusieurs endroits. Il refusa d'écouter Smyth et Hutton qui proposaient d'installer une défense sérieuse derrière le Sittang. Un front fut effectivement constitué sur la Bilin vers le

10 février et les unités alliées, presque toutes engagées et parfois d'une manière inextricable, eurent le plus grand mal à décrocher. Il convient de dire, à la décharge de Wavell, que l'arrivée de la 7e brigade blindée à Rangoon exigeait de gagner un maximum de temps. Une vive controverse sur ce point n'a pas manqué de se développer chez les historiens britanniques. Les documents permettent de dire, au minimum, que Wavell était trop éloigné et absorbé pour juger de la situation réelle sur le terrain par les quelques brèves visites qu'il y fit.

Dispositif de la 17° DI ind. sur la Bilin le 8/2/1942 (croquis n° 4)

2° brigade birmane (détachée de la 1re DI birm.) — ***général Bourke***	
— 4/12° Force-frontière — 1 B^{on} tirailleurs birm. — 1 B^{on} tirailleurs birm. — 12° B^{ie} de montagne	Zone de Kyaïkto Sittang
48° brigade ind. — *général Hugh Jones*	
— 1/3 tirailleurs gurkhas — 1/4 tirailleurs gurkhas — 2/5 R^{gt} royal de gurkhas	Zone de Kyaikto
16° brigade ind. — *général J.K. Jones*	
— 1/7 gurkhas — 1/9 R^{gt} royal de Jats — 8° B^{on} tirailleurs birmans	Zone de Bilin
— 1 Cie du 4° B^{on} birm.	Shwegun
— 1 Cie du 8° B^{on} tir. birm.	Kamamaung
— 2° B^{on} tirailleurs birmans	Papun
46° brigade ind.	
— 3/7 gurkhas — 1 Cie du 2° Koyli	Martaban
— 7/10 R^{gt} de Baluchs — 1 S^{on} de la 5° B^{ie} de montagne	Kuzeik
— 5/17 R^{gt} de Dogras	Duyinzeik
— 2° Bon Koyli (– 1 Cie) — 4° B^{on} tir birmans (– 1 Cie) — 5° Bat^{ie} de montagne (– 1 S^{on})	Thaton (en réserve)

Affirmer comme il l'écrit au moment de la capitulation de Singapour dans un message du 14 février que

> "l'expérience de Malaisie l'a prouvé, une retraite continue entame beaucoup le moral des troupes, spécialement des troupes indiennes, [ne semble pas plus réaliste à l'époque que la suite du même message]... on peut souvent gagner du temps à moindres frais par une contre-attaque hardie, et spécialement contre les Japonais".

La décision de Wavell eut en tout cas un résultat désastreux : le repli à pied sur cinquante kilomètres de trois brigades, à partir de la nuit du 19, sur une seule piste, vers le seul pont, mixte, route et voie ferrée sur le Sittang, en outre mal gardé par trois ou quatre bataillons médiocres.

Pendant ce temps les Japonais, débordant et attaquant à "tout-va" sous une protection aérienne efficace, étaient galvanisés par le succès qu'ils sentaient à leur portée. Nous n'entrerons pas dans la controverse, qui dure encore, sur ce qu'il aurait fallu faire ou ne pas faire ; nous ne détaillerons pas non plus les diverses hypothèses médiatiques qui fleurissent toujours dans des cas de ce genre, par exemple la confusion apportée par le seul fait que deux des brigadiers britanniques portaient le même nom de Jones.

Le résultat brut fut que Smyth, à la demande du brigadier Hugh Jones, responsable de la tête de pont, donna l'ordre de faire sauter le pont à l'aube du 23 février, laissant deux sur quatre de ses brigades sur la "mauvaise rive". Il évitait, ce faisant, que deux D.I. japonaises puissent marcher directement sur Rangoon. En fait, comme très souvent à la guerre, les choses ne sont jamais si mauvaises, ni si bonnes, que les premiers comptes rendus les rapportent. Car les Japonais, abandonnant les défenseurs britanniques de la rive est, remontèrent la rivière pour chercher et d'ailleurs trouver des gués. Ceci permit à environ 800 survivants, souvent avec leurs armes individuelles, de passer le Sittang par des moyens de circonstance, voire à la nage, et de rejoindre leurs unités.

Le bilan est quand même éloquent. Seuls, 3.500 fantassins de la 17e D.I. indienne avaient pu passer le Sittang, soit 40 % de l'effectif théorique. Les 800 rescapés portèrent l'effectif total à 4.300, mais la 17e D.I. avait perdu la totalité du matériel lourd (canons, mortiers, véhicules) de deux brigades et n'était plus apte à combattre sans être réorganisée.

Malgré le courage, indéniable, des combattants, ce premier grand désastre en Birmanie est très révélateur d'une constante militaire "têtue" : il faut du temps et de l'expérience pour former des unités manœuvrières. C'est d'ailleurs ce que prouvèrent, en sens inverse, les Japonais qui, sans être spécialement préparés à la guerre de jungle, étaient pour la plupart des vétérans, habitués au combat.

Il fallut donc rééquiper et recompléter la 17e division, passée aux ordres de Cowan le 2 mars, en l'envoyant à Pégu, au nord de Rangoon, où elle fut rejointe par la 7e brigade blindée (général Anstice), enfin débarquée en totalité. Les derniers renforts reçus par Rangoon consistaient en une brigade indienne (la 63e), un régiment d'artillerie de campagne et trois bataillons britanniques... Leur débarquement fut facilité par une nouvelle victoire de la chasse alliée, qui avait déjà détruit, le 23 mars, 291 avions japonais, dont 58 au sol (217 pour les Tigres Volants et 74 à la RAF). La RAF avait de son côté perdu une centaine d'appareils. Mais, du 20 au 23 mars, la situation s'aggrava à un tel point pour les alliés qu'ils furent obligés d'évacuer les aérodromes birmans.

Comme Hutton avait pris la précaution d'évacuer les principaux stocks logistiques, il put faire préparer et exécuter les destructions du port. Il avait été remplacé dans son commandement par le futur maréchal[1] Alexander, mais était resté son chef d'état-major. Alexander "coordonnait l'ensemble des actions alliées, y compris chinoises" en Birmanie. Cette coordination, assez théorique, fonctionna en fait correctement, chacun, même Stilwell, y mettant du sien, sous l'empire de la nécessité. Alexander, d'abord optimiste, ne tarda pas à changer d'opinion lors de l'évacuation du cul-de-sac de Rangoon, d'où il n'échappa que par miracle.

Car bien sûr, depuis le Sittang, les Japonais n'avaient pas perdu leur temps. Persuadés que les Britanniques défendraient Rangoon, ils entreprirent l'encerclement méthodique de la ville en en bloquant successivement toutes les issues routières ou ferroviaires, d'est en ouest. C'est le second aspect, défensif, de la tactique habituellement pratiquée par les Japonais. Elle consistait à bloquer en tête les colonnes britanniques liées aux routes par un barrage routier ; barrage d'abord hâtivement aménagé puis progressivement renforcé en solidité et en profondeur, avec appuis d'artillerie et d'aviation jusqu'à devenir inexpugnable, à moins d'y consacrer de très gros moyens et du temps. En outre, la colonne bloquée était harcelée constamment aux endroits les plus favorables.

Mais à Rangoon, ayant probablement mal interprété les ordres reçus, ou désirant les exécuter à la lettre, le général japonais, qui devait boucler l'encerclement et *entrer dans Rangoon par l'ouest,* établit un barrage sur la route principale de Promé

1. Alexander, après Dunkerque était resté en métropole pour former l'armée intérieure britannique. Après mai 1942, il rejoindra le Moyen-Orient et sera le chef direct de Montgomery à el-Alamein.

pour permettre à ses gros de continuer en sûreté vers l'ouest. Or, c'est par cette route que toute la garnison, dont Alexander et son état-major, devait évacuer la ville. Toutes les tentatives britanniques faites pendant 36 heures pour faire sauter le barrage, échouèrent malgré l'emploi de moyens de plus en plus puissants… tant que les troupes du général japonais n'eurent pas passé à l'ouest de la route. Mais alors, et à leur grande stupéfaction, les Britanniques virent les Japonais évacuer le barrage. Ces derniers entrèrent bien à Rangoon par l'ouest le 8 mars, suivant les ordres, mais trouvèrent la ville abandonnée. Inutile de dire que les Britanniques s'étaient empressés de saisir sans délai la chance qui leur était offerte de continuer leur retraite. La poursuite engagée par les Japonais, dès qu'ils se rendirent compte de leur bévue tomba dans le vide.

2e PHASE — 9 MARS-15 MAI 1942

Dans la réorganisation des forces britanniques, Slim[1], arrivé lui aussi du Moyen-Orient, prit le commandement du BURCORPS le 19 mars. Ce faible C.A. regroupait toutes les forces britanniques, au total environ 65 000 hommes, avec les forces logistiques, dont la 1re D.I. birmane, la 17e indienne reconstituée, quelques éléments de C.A., avec une assez forte artillerie, mais surtout la 7e BB avec ses deux régiments de chars (7th Hussars et 2nd Royal Tank Regt.), équipés de chars légers Stuarts et Honeys, mais aussi son artillerie blindée, sa batterie anti-chars, son régiment d'infanterie mécanisée, le 1st West Yorkshire, ses deux batteries anti-aériennes, ses sapeurs et sa compagnie de dépannage. Certes, les chars n'avaient qu'un canon de faible puissance et leur blindage était vulnérable à toutes les armes antichars, donc insuffisants sur ce terrain, mais la troupe était bonne, et surtout avait une grande expérience du combat interarmes dans le désert, mais adaptable rapidement aux autres terrains. En outre, en dehors de leurs chars, les Japonais étaient dépourvus d'armes antichars. La 7e BB était donc un renfort de qualité incontestable, sans lequel le Burcorps n'aurait jamais pu regagner les Indes.

De leur côté, dès la prise de Rangoon, les Japonais amenèrent en renfort par mer deux D.I., la 18e et la 56e et les deux régiments de chars déjà évoqués (croquis n° 3). Les Britanniques ne connurent l'arrivée de ces renforts qu'assez longtemps après, ce qui en dit long sur l'état, inhabituel, de leurs services de renseignements.

---

1. Voir sa biographie détaillée au chapitre 7.

O.d.B. du BURCORPS le 19 mars 1942

Unités de CA

7° Brigade blindée
— 7e Hussars
— 2° Royal Tank Rgt.
— 414° Batterie R.H.A.
— Bat. A du 95° Rgt Anti chars
— 1° West Yorkshire Rgt.
— 8° Bat d'A.A.A.L. (art. anti aériennne lourde)
— 3° Bat indienne légère d'A.A.
— 1re Cie de campagne de sapeurs
— 17 et 18 Cies de dépannage
— 6° B^{on} du génie indien
+ nombreuses unités de marche de toutes armes ou logistiques

1° D^{on} birmane

— Unités divisionnaires
27° R.I. birman
3 bat. ind. de montagne
3 Cies du génie
4 B^{ons} Frontières

— 1re Bde birm.
3 B^{ons} birm.
1 B^{on} rajput

— 2° Bde birm.
1 Bon Punjab
1 B^{on} birm.
1 B^{on} frontière

17° D^{on} indienne

— unités divisionnaires
1 Rgt QG indien
3 Bat. artil. ind.
1 Bat. A.A. ind.
3 Cies du génie
1 R.I. GB (Gloucesters)
divers détach. renseignements

— 16° Bde Ind.
1 Bon G.B. (Duke of Wellington)
3 B^{ons} (Jats, Baluchs, front)

— 48° Bde Ind.
1 Bon G.B. (Cameronians)
5 B^{ons} Gurkhas

— 63° Bde Ind.
1 B^{on} GB (Royal Inniskilling)
3 B^{ons} (Gurkhas, Sikhs, front.)

— L'effectif des 3 brigades de la 17° D^{on} est respectivement de 2 500, 2 500, 1 700.
— Les bataillons de tirailleurs birmans de la 1re D^{on} b. sont en très nets sous effectifs à ce moment.
— L'effectif total du BURCORPS est de l'ordre de 65 000 h.

Croquis n° 5

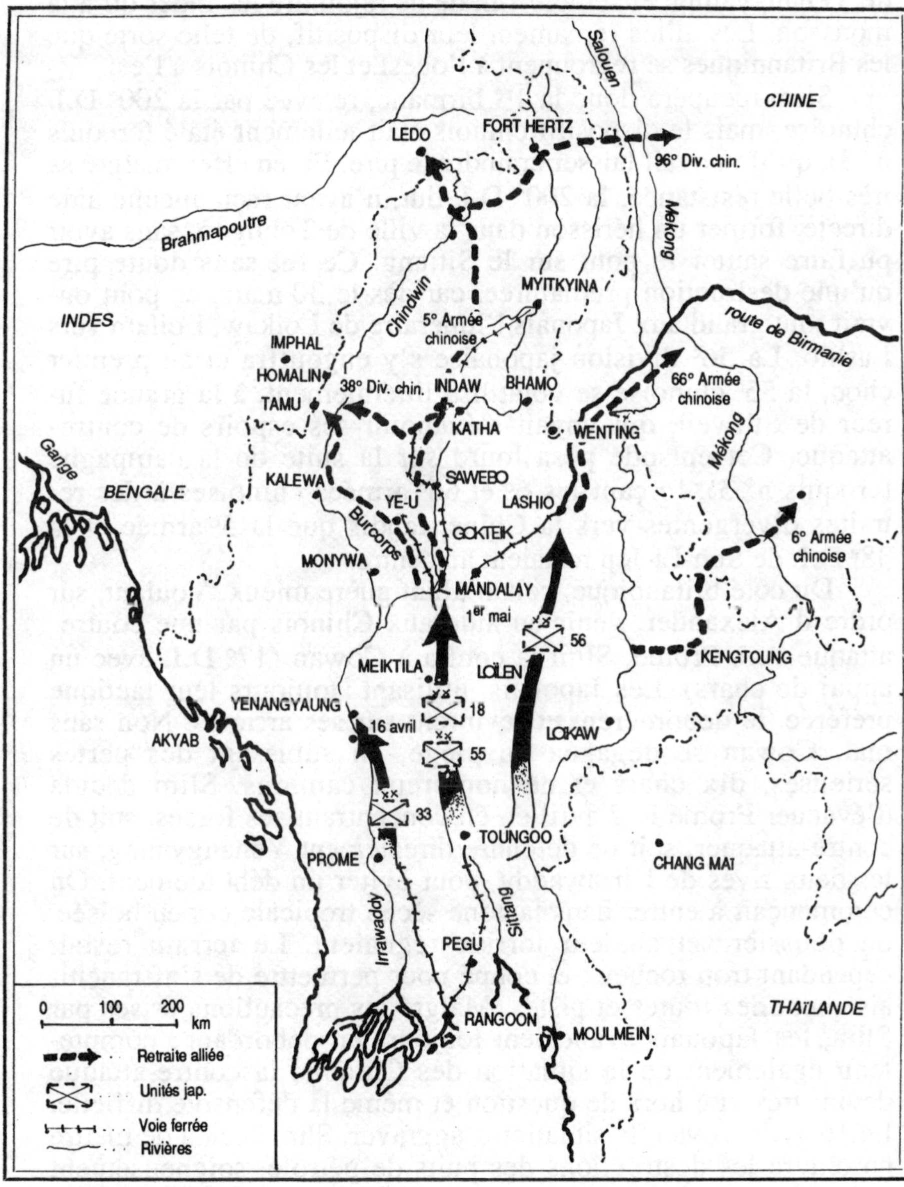

Avance japonaise
mars-avril 1942

Du côté allié (croquis n° 5), il s'agissait, en coordination avec les Chinois de Stilwell, de mener une action retardatrice depuis la ligne Promé-Toungoo, pour empêcher aussi longtemps que possible les Japonais de s'emparer des champs pétrolifères de Yenangyaung, et semble-t-il, de ne rejoindre les Indes qu'à la mousson. Les alliés remanient leur dispositif, de telle sorte que les Britanniques se regroupent à l'ouest et les Chinois à l'est.

Slim récupéra donc la 1re birmane, relevée par la 200e D.I. chinoise, mais le dispositif chinois était tellement étalé (croquis n° 3), qu'il pouvait laisser craindre le pire. Et, en effet, malgré sa très belle résistance, la 200e D.I. dut, n'ayant reçu aucune aide directe, former un hérisson dans la ville de Toungoo, sans avoir pu faire sauter le pont sur le Sittang. Ce fut sans doute pire qu'une destruction prématurée, car dès le 30 mars, ce pont ouvrait tout grand aux Japonais l'itinéraire de Loikaw, Loilem vers Lashio. La 56e division japonaise s'y engouffra et au premier choc, la 55e chinoise se volatilisa littéralement, à la grande fureur de Stilwell, qui voyait s'évanouir ses espoirs de contre-attaque. Cet épisode pesa lourd sur la suite de la campagne (croquis n° 5), forçant les 6e et 66e armées chinoises à des retraites divergentes vers la Chine, tandis que la 5e armée et la 38e D.I. de Sun-Li-Jen restaient au centre.

Du côté britannique, cela n'allait guère mieux. Voulant, sur ordre d'Alexander, venir en aide aux Chinois par une contre-attaque vers Promé, Slim la confia à Cowan (17e D.I. avec un appui de chars). Les Japonais, utilisant toujours leur tactique préférée, le débordèrent et revinrent sur ses arrières. Non sans mal, Cowan se dégagea du piège, en subissant des pertes sérieuses, dix chars et de nombreux camions. Slim décida d'évacuer Promé le 2 avril et, en concentrant ses forces, soit de contre-attaquer, soit de défendre directement Yenangyaung, sur les deux rives de l'Irrawaddy, pour éviter un débordement. On commençait à entrer dans la zone sèche tropicale et peu boisée, où poussière et chaleur torride régnaient. Le terrain restait cependant trop rocheux et coupé pour permettre de s'affranchir aisément des routes et pistes. Malgré les précautions prises par Slim, les Japonais avançaient toujours en débordant ; compte-tenu également de la situation des Chinois, la contre-attaque devint très vite hors de question et même la défensive difficile. Le 16 avril, voyant la situation s'aggraver, Slim décida de mettre en œuvre les destructions des puits de pétrole, soigneusement préparées par les sapeurs et les ingénieurs pétroliers. Pour l'époque, la destruction des puits et d'un stock de cinq millions de litres de pétrole brut fut spectaculaire, les flammes montant jusqu'à trente mètres de hauteur.[1]

Slim avait-il trop tardé ? Toujours est-il qu'une partie de la division birmane, la valeur d'une brigade, toujours assez mal équipée, se trouva bloquée au nord de Yenangyaung devant un misérable chaung (cours d'eau) presque guéable, mais contrôlé au nord et au sud par deux barrages routiers japonais (croquis n° 6). Cette fois, ce fut la 38e division chinoise de Sun-Li-Jen, mise à la disposition du Burcorps quelques jours auparavant, qui sauva la situation. Evaluant sa valeur au premier coup d'œil, Slim n'hésita pas à lui confier l'appui de toute son artillerie et d'un groupement de blindés. Il raconte :

> "Anstice, le commandant de la 7e BB, me jeta d'abord un regard de souffrance, mais comme d'habitude, sauta sur l'occasion et Sun et lui firent du bon boulot... Le prestige de Sun chez ses compatriotes monta en flèche et même la troupe coopéra amicalement, malgré les difficultés de langage."[2]

En fait, Sun réussit à débloquer ce qui restait des éléments de la division birmane, non sans pertes d'ailleurs (estimées à 20 % d'un effectif déjà réduit de 50 %), après un encerclement de près de 48 heures, sans eau, sous une chaleur torride et sous des bombardements constants. Il y eut des confusions : troupes chinoises confondues par les Britanniques avec des troupes japonaises et vice-versa ; des scènes horribles de blessés graves transportés sur les chars, les ambulances ayant dû être abandonnées sur place, etc.

Cette période autour du 15 avril marque un tournant de la retraite. Slim, tout comme Stilwell, doit renoncer à contre-cœur à tenter des contre-attaques vouées à l'échec, en l'absence totale d'appui aérien, de tout renfort possible, arrivant à bout d'approvisionnement en munitions et en essence, et la supériorité japonaise en effectifs croissant inexorablement... Il faut songer à l'évacuation totale, en restant groupés si possible et ne pas être serrés de trop près pendant les opérations délicates de franchissement de l'Irrawaddy et de la Chindwin.

Le croquis n° 5 montre bien ce que fut le reste de la retraite. Stilwell ne put même pas regagner Myitkyina et la Chine avec la 5e armée chinoise comme il en avait eu l'intention. Il fut en effet coupé de cet itinéraire de retraite par les Japonais qui contrôlèrent la voie ferrée au nord d'Indaw avant qu'il puisse y parvenir.

---

1. Les Japonais mirent plus de six mois à remettre partiellement en état les installations détruites.
2. Pour cette action SUN fut décoré de l'ordre du British Empire...

Croquis n° 6

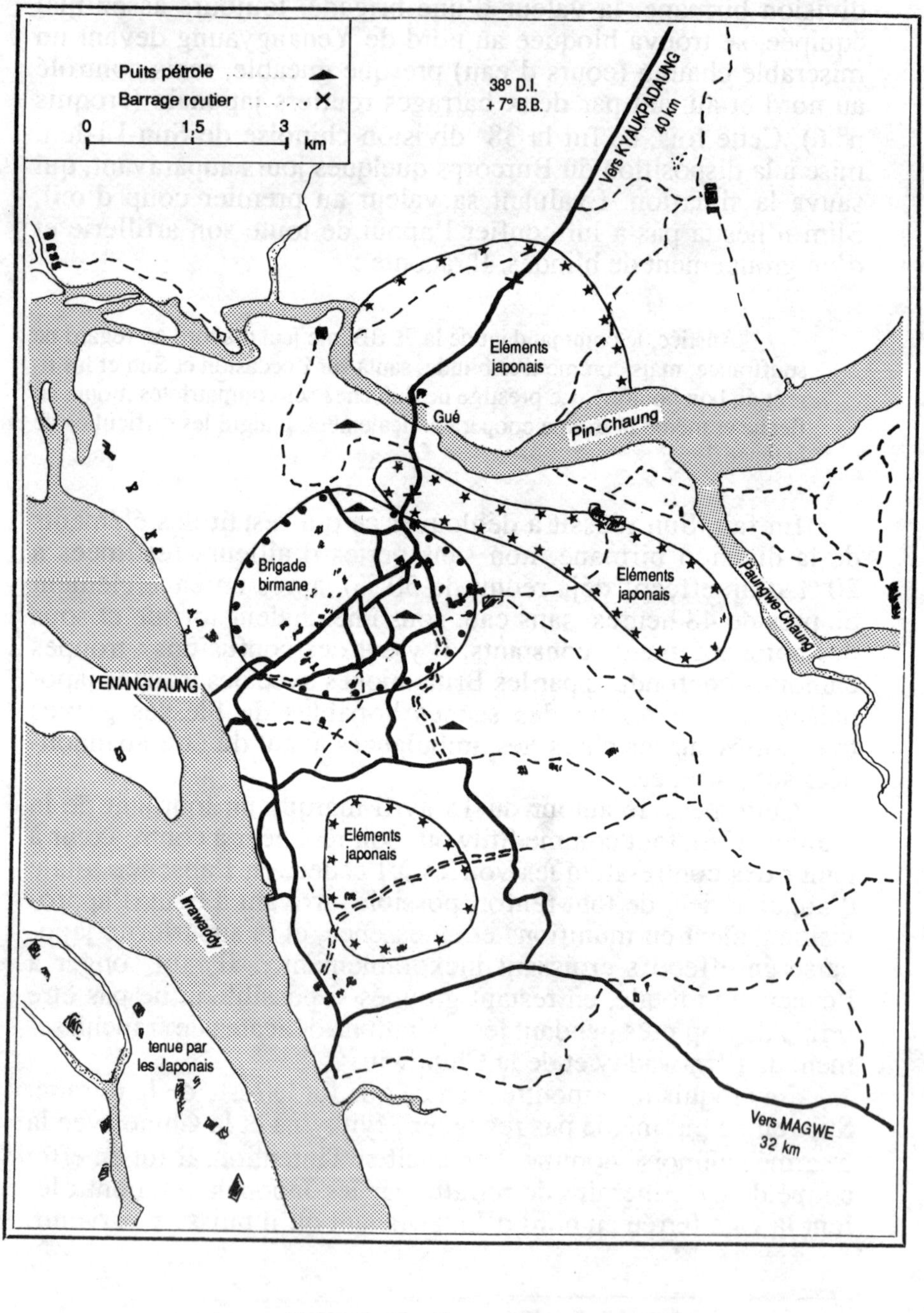

Combat de YENANGYAUNG
16-17 avril 1942

De Shwebo, où il était resté jusqu'au 1er mai, il prit alors la tête d'un groupe hétéroclite d'environ 150 personnes composé d'officiers d'état-major, chinois ou américains, d'isolés et d'un hôpital de campagne d'origine américaine avec des infirmières chinoises qui tinrent le coup remarquablement. D'abord par voie ferrée, puis avec quelques jeeps, enfin à pied pendant vingt jours, il marcha vers l'ouest, bien sûr, et franchit la Chindwin dans la région d'Homalin. Il réussit à ramener tout son monde, encourageant ou aiguillonnant sans cesse hommes ou officiers qui n'avaient pas la moitié de son âge, ni sa volonté, ni même sa résistance physique. Il finit le 20 mai par atteindre Imphal, région très montagneuse de l'Assam, aux Indes, où des troupes britanniques éberluées recueillirent ce détachement hors du commun.

Le Burcorps, pour sa part, continua la retraite en bon ordre grâce à ses blindés. La décision finale du retour rapide aux Indes ne lui fut donnée que le 26 avril. A deux reprises cependant, il fut sérieusement accroché, au point que sa destruction complète parut possible (croquis n° 7).

Après un franchissement sans drame de l'Irrawaddy (25-27 avril) et la destruction en temps utile du grand pont d'Ava, l'action retardatrice bien contrôlée depuis Meiktila, semblait se dérouler suivant le plan final arrêté le 28 avril. Il consistait à effectuer le repli principal vers Kalewa, en suivant la route et la voie ferrée de Yeu pour franchir la Chindwin, le plus au nord possible, sur des bateaux rassemblés à Shwegyin. De là, avec un appui essentiellement logistique provenant des Indes, on suivrait la piste difficile de Kalewa à Tamu et Imphal. Seule, la 2e brigade birmane, déjà à l'ouest du dispositif, devait tenter sa chance isolément par la vallée de la Myttha, en passant par Gangaw.

Slim commençait donc à respirer mieux quand il commit l'erreur de faire partir cette 2e brigade de Monywa avant que les gros de la 17° indienne (retardés par les franchissements de Mandalay où la 7e BB protégeait encore les derniers passages chinois) ne rejoignent tout à fait Monywa. Les Japonais saisirent immédiatement l'occasion. Se servant de la voie fluviale, ils débarquent sur la rive ouest, à hauteur de Monywa et manquent de peu le 30 avril, d'établir une tête de pont solide sur la rive est. Cette rive n'est encore tenue du côté britannique que par un faible détachement de Gloucesters, de Royal-Marines, une patrouille fluviale et quelques sapeurs, 300 hommes au total. Le P.C. du Burcorps, avec sa seule section de protection, n'est qu'à quelques kilomètres au nord-est. En remontant la route de Mandalay vers le détachement de Monywa, on trouve d'abord la 17e division, puis des éléments divers logistiques, des réfugiés, enfin assez près de Monywa, les restes des deux autres brigades

Croquis n° 7

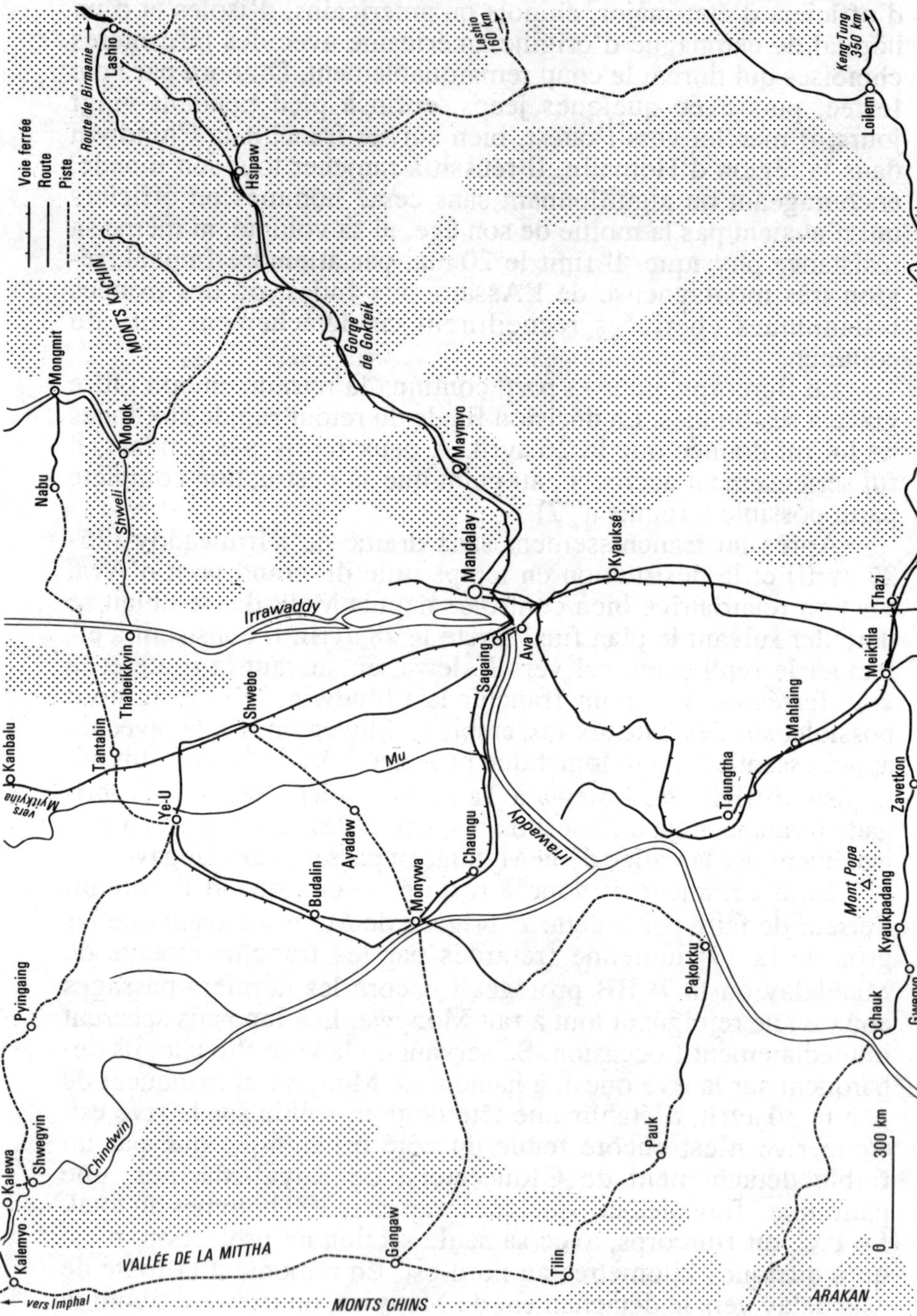

Birmanie Centrale (avril-mai 1942)

de la 1re division birmane (1re birmane et 63e indienne). Le PC de cette division (général Bruce-Scott) est lui-même en pointe à 6 km au sud de Monywa, avec une seule section de protection.

A la fin de la nuit les Japonais, après des feux nourris de mortiers, ont fait passer 700 hommes sur la rive est. Dès le soir, Slim avait réussi à toucher par radio une brigade de Bruce-Scott et avait fait donner l'ordre :

— aux deux brigades de poursuivre leur mouvement de nuit et de rameuter au plus vite un escadron de chars ayant terminé le franchissement,
— à Cowan de faire transporter dans la nuit une de ses brigades par la voie ferrée de Yeu.

Grâce à ces dispositions, la tête de pont japonaise fut anéantie dans la journée du 1er mai, mais le PC de Bruce-Scott avait dû livrer un combat "musclé", parvenant de justesse à sauver le chiffre et les papiers secrets et à se replier vers le sud.

Les sources japonaises contestent d'ailleurs le sauvetage du chiffre et affirment qu'une tentative japonaise d'intrusion sur le réseau britannique fut faite pour passer de faux ordres !...

Le second accrochage, plus grave, du Burcorps, eut lieu à la fin du repli, pourtant accéléré, après l'épisode de Monywa et malgré les précautions prises. L'une d'elles consistait en un barrage d'épaves et de troncs, disposé en travers de la Chindwin et gardé par une flottille armée, pour arrêter les tentatives japonaises de remonter vers l'amont et de gêner la traversée de Shwegyin à Kalewa (voir croquis n° 8).

Le passage s'annonçait comme devant être long, ne fût-ce qu'à cause des réfugiés, de la maîtrise aérienne japonaise et du peu de moyens de franchissement. Il y avait cependant six bacs, à moteur à vapeur, pouvant emmener à chaque rotation cinq à six cents hommes, un camion et deux jeeps, deux ou trois canons, mais aucun char. Dans la nuit du 2 au 3 mai, toute la 16e brigade avait été poussée en camions pour occuper et préparer la défense des points essentiels au passage[1]. Dès le 3, un bataillon occupait Shwegyin, un autre, Kalewa.

Les Japonais n'avaient pas renoncé à détruire le Burcorps ; dès la nuit du 2 au 3 mai, ils recommençaient à harceler le dispositif britannique dont le centre était encore dans la région de Yeu et Shwebo, avec les deux QG, beaucoup de réfugiés et 2 000 blessés. Les nerfs de tous étaient à bout.

C'est l'époque dont Slim dit :

---

1. Par la piste de Yeu à Pyingaing (qui devint aussitôt Pink-gin pour les Tommies) soit sur plus de 130 km.

"Si quelqu'un m'avait rapporté un début de bonne nouvelle, j'aurais sûrement fondu en larmes, mais je n'eus jamais l'occasion d'en faire la preuve."

Il avait quatre sujets principaux d'inquiétude :

— engorgement du point unique de passage ;
— interposition de l'ennemi entre Chindwin et les Indes ;
— réserves en vivres et munitions limitées ;
— arrivée précoce de la mousson.

Pour parer au premier, Slim envoya la 1re brigade birmane franchir plus au nord par ses propres moyens ; il le regretta ensuite, car beaucoup de déserteurs en profitèrent pour s'éclipser.

Le second danger forçait à étirer le dispositif, mais en conservant une certaine cohérence : toute la perversité de l'itinéraire unique dans la jungle.

Le troisième fut partiellement résolu en équipant la piste de Kalewa aux Indes, de dépôts légers polyvalents, vivres et munitions, provenant des dernières ressources prélevées à Mandalay, grâce à la prévoyance de Hutton. En outre, on réduisit les rations d'un quart.

Pour le quatrième, qui disparaîtrait après le passage de la Chindwin, "on ne pouvait que prier".

Le chargement était lent, le long de l'unique jetée improvisée mais nécessaire, en raison des changements de niveau constants de la rivière. Chaque canon devait être poussé à la main. Les rotations, 10 km avec fort courant contraire à l'aller, étaient longues de plusieurs heures.

La piste vers la jetée suivait sur ses derniers 1 500 mètres une dépression plate, en forme de fer à cheval, surnommée "la cuvette", large de cinq cent mètres, peu boisée. Elle était dominée sur trois côtés par une falaise abrupte de soixante mètres, très boisée, d'où l'on pouvait voir de partout la totalité de la cuvette. Personne, et surtout aucun militaire n'aime ce genre de coupe-gorge. Des centaines de voitures civiles abandonnées encombraient les rares passages. Des milliers de réfugiés indiens, dont beaucoup de femmes et d'enfants épuisés, campaient et se nourrissaient sommairement en attendant un passage qu'on leur accordait, mais en deuxième urgence. Bref, l'aspect d'une déroute. Les témoignages des survivants sont unanimes sur ce point. La cuvette était l'image même d'un piège mortel, emplie comme elle l'était, de réfugiés, de soldats, d'animaux, de véhicules, de canons et même de chars.

Pour mettre un peu d'ordre et accélérer les passages commencés dès le 3 mai, des mesures draconiennes durent être prises, outre celle d'organiser l'apport de combustible, du bois,

Croquis n° 8

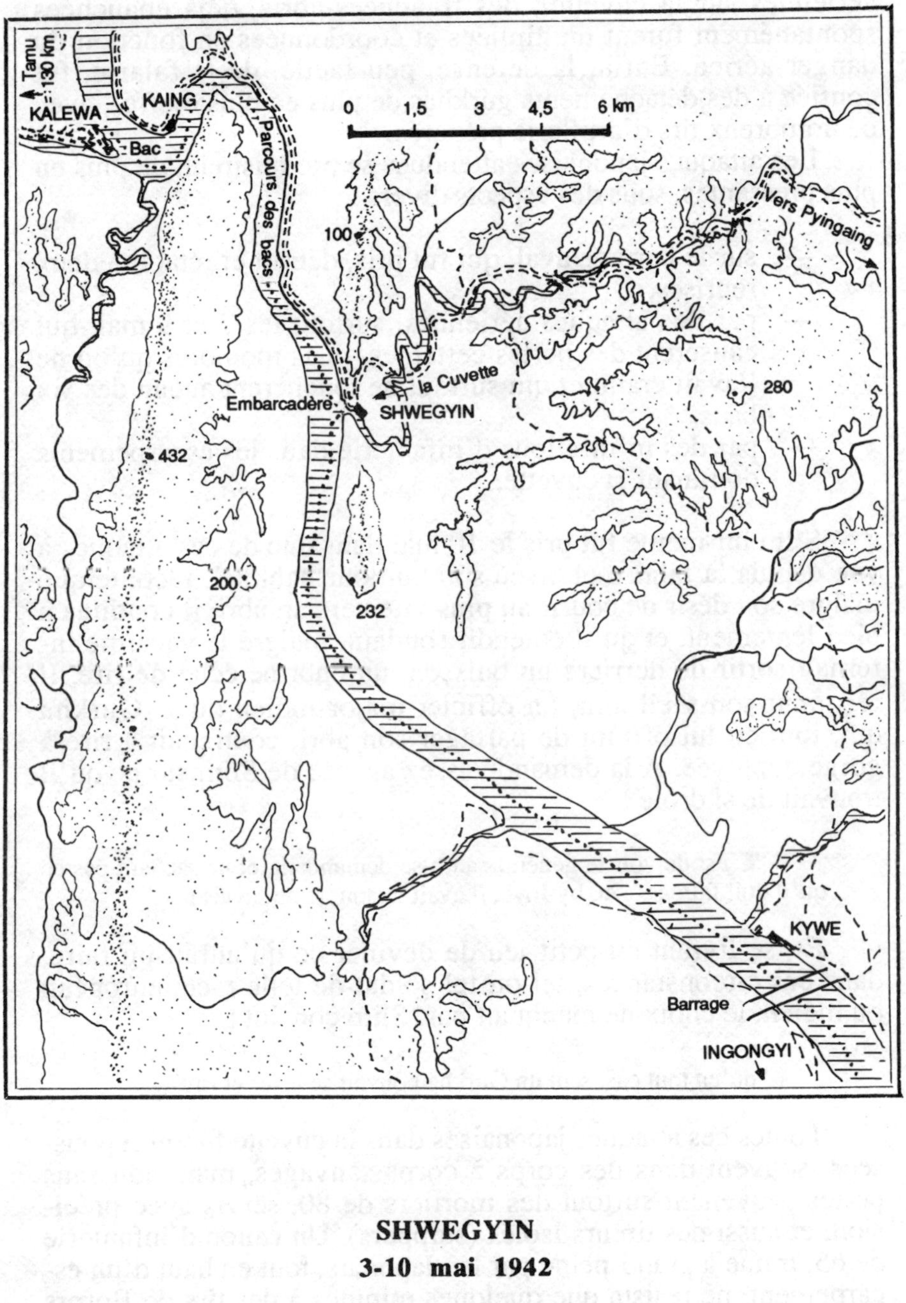

SHWEGYIN
3-10 mai 1942

chaque passager payant la traversée d'une bûche. Des priorités de passage furent fixées, la décision fut prise d'abandonner tous les véhicules autres que les 4 x 4. On doubla les équipages civils des bacs par des marins et des sapeurs. Toute l'artillerie anti-aérienne fut concentrée pour parer au danger terrible d'attaques aériennes sur la cuvette ; des tranchées-abris, déjà ébauchées spontanément furent multipliées et coordonnées en fonction du danger aérien. Enfin, la défense, peu facile, de la falaise, fut confiée à des détachements gurkhas de plus en plus étoffés, avec de nombreux tirs d'artillerie préparés.

Les attaques japonaises attendues se produisirent, de plus en plus pressantes, sous des aspects divers :

— sur le barrage aval, qui fut pris, détruit et rétabli à deux reprises,
— par des attaques aériennes, surtout les 7 et 9 mai, qui causèrent des pertes certaines, mais moindres qu'on ne l'avait craint et qui surtout ne touchèrent aucun des six bacs.
— par des infiltrations d'infanterie dans les escarpements dominant la cuvette.

Slim lui-même fut pris le 10 mai dans une de ces attaques à vue depuis la falaise et, avec son humour habituel, raconte que malgré son désir de courir au plus vite vers un abri, il continua à pied lentement, et qu'il entendit soudain, malgré le vacarme infernal, sortir de derrière un buisson, un énorme éclat de rire. Il reconnut son vieil ami, un officier-major indien du 7e Gurkha qui, tout en lui offrant de partager son abri, continuait à rire à gorge déployée. A la demande assez agacée de Slim sur ce qu'il trouvait de si drôle :

> "C'est de voir le général-sahib se demandant, et ne sachant pas ce qu'il doit faire ; ... et, by Jove, il avait raison, je ne savais pas."

Et, se livrant au petit jeu de deviner ce qu'aurait pu faire, dans ces circonstances, tel ou tel soldat de telle race, européen ou indien, le choix ne manquait pas, Slim conclut :

> "qu'en tout cas, seul un Gurkha pouvait se lever et rire".

Toutes ces attaques japonaises dans la cuvette furent repoussées, souvent dans des corps à corps sauvages, mais non sans pertes provenant surtout des mortiers de 80, servis avec précision, et aussi des tireurs isolés (snippers). Un canon d'infanterie de 65, traîné à grand-peine par les Japonais, tout en haut d'un escarpement, ne résista que quelques minutes à des tirs de Bofors anti-aériens de 40. L'aviation n'intervenait pas dans ces corps à corps, incapable de distinguer amis et ennemis.

Une seule de ces attaques parvint à portée de la jetée et ne fut repoussée qu'avec un feu d'enfer d'infanterie (surtout de Sten-guns), qui vint à bout de tous les attaquants. Mais aucune contre-attaque ne put venir à bout des défenseurs japonais, contrôlant à vue la jetée, d'une hauteur. Le 10 mai, à compter de 16 h 00, Cowan, qui avait reçu carte blanche de Slim pour en décider, ne fit plus évacuer les blessés, puis le reste des hommes valides, qu'à partir de points d'embarquements improvisés, plus au Nord, protégés des feux par la falaise. Les canons qui restaient sur la "mauvaise rive", tirèrent en 20 minutes toutes leurs munitions, vers 20 h 00 avant d'être détruits. Les dernières troupes, ne laissant que quelques arrière-gardes, profitèrent du barrage pour traverser. La plupart des arrière-gardes elles-mêmes, s'échappèrent par la piste de la rive est et furent recueillies plus au nord.

> "Nous avions sauvé, dit Slim, un tiers des canons, les meilleurs véhicules tout-terrains, mais la perte des chars fut un coup terrible, moralement, car ils étaient à bout de souffle et périmés pour le futur."

La marche qui suivit, 130 km par la vallée de la Kabaw, c'est-à-dire la vallée de la mort, bien nommée pour son insalubrité, ne fut pas facile, mais les Japonais ne poursuivirent plus. La 2e brigade birmane, qui avait suivi la vallée de la Myttha, plus à l'ouest, n'avait pas été attaquée pendant tout son long périple et rejoignit le Burcorps à Kalemyo.

Tous étaient au bout du rouleau, affamés et presque tous (80 %) atteints plus ou moins gravement de paludisme. Il ne restait que 50 camions en état de marche, qui ne cessaient de faire des rotations, mais la moitié des rescapés fit toute la marche à pied, en loques et littéralement sans chaussures. La mousson survint le 13 mai, accroissant encore les difficultés de la marche. C'est seulement à deux jours de marche de Tamu qu'ils furent enfin secourus, et transportés, par les forces britanniques des Indes.

Inexplicablement, malgré cette retraite de près de mille miles (1 600 km), qui constitue un exploit rarement égalé dans l'histoire militaire, le Burcorps fut assez mal accueilli aux Indes ; cadres et hommes en gardèrent beaucoup d'amertume, surtout lorsqu'ils comparaient avec l'accueil chaleureux reçu par les rescapés de Dunkerque en juin 1940.

L'éloge de Slim à ses troupes n'en est que plus magnifique :

> "Le dernier jour (de la retraite), je regardais l'arrière-garde entrer aux Indes. Tous, Britanniques, Indiens et Gurkhas étaient maigres et en

loques comme des épouvantails. Pourtant, comme ils avançaient lentement derrière leurs officiers survivants, en groupes pitoyablement restreints ils portaient encore leurs armes et gardaient leurs rangs. On pouvait les reconnaître comme des unités combattantes. Ils pouvaient avoir l'aspect d'épouvantails, mais ils ressemblaient aussi à des soldats."

Bel hommage du chef à ses hommes, au terme d'une entreprise parmi les plus difficiles à réussir à la guerre : la retraite. Mais, tout comme Stilwell, qui parlait de "sacrée dérouillée", Slim considérait cette campagne comme un lourd échec,

"où nous avions été battus à plates-coutures".

Tous pensaient à la revanche.

Quant aux pertes respectives, elles reflètent bien la réalité : estimation de 10 000 morts ou disparus pour les Chinois ; évaluations plus précises :

— pour les Japonais 2 500, dont 2 000 morts ;
— pour les Britanniques, 13 500 dont 2 000 morts.

B.

LES PREMIERES TENTATIVES DE RECONQUÊTE (1942-1943)

CHAPITRE 4

La Birmanie, théâtre d'opérations incontournable

LA SITUATION EN MAI 1942

Quand la mousson arriva, le 13 mai 1942, les Japonais avaient atteint en Birmanie les deux objectifs stratégiques prévus :

— couper la dernière communication terrestre entre la Chine et le monde libre,
— occuper une position facile à défendre grâce aux communications ferrées et fluviales.

En outre, par Rangoon, ils pouvaient espérer, au mieux une exploitation des richesses économiques du pays, au pire, faire vivre facilement une garnison très importante.

A ce moment-là, on l'a su plus tard, ils n'avaient encore aucun projet d'invasion des Indes.

Du côté allié, la Birmanie est désormais un enjeu stratégique de première importance pour maintenir la Chine au combat et peut-être, de Chine du Sud, se rapprocher du Japon, à portée de bombardiers. Il est sûr, quelles que soient les actions entreprises que les Indes vont devenir la base interalliée nécessaire, y compris pour les Américains.

Croquis n° 9

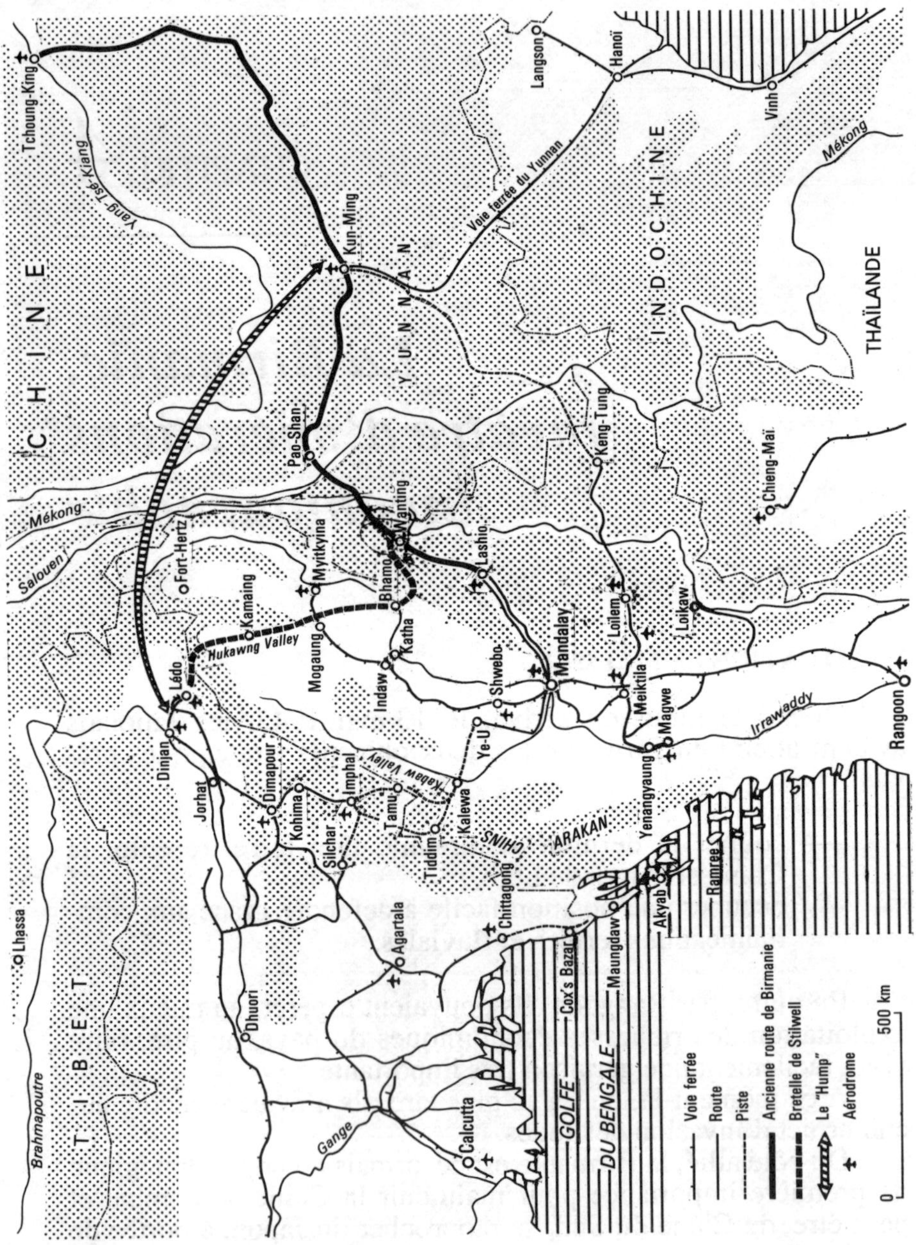

La logistique du théâtre d'opérations

La planification entreprise sur le champ, au plus haut niveau, va se heurter à deux séries de difficultés : le manque de moyens et les divergences entre alliés sur ce qu'il convient de faire dans l'immédiat.

LE MANQUE DE MOYENS

L'état de pénurie de la future base interalliée est à son maximum pour le moment. La production locale, potentiellement importante, est encore très faible sur le plan militaire.

Pour des opérations, il faut donc acheminer l'essentiel de très loin : environ 20 000 km de trajet maritime d'Europe ou des Etats-Unis vers Calcutta. De là, la logistique doit emprunter la vallée du Brahmapoutre jusqu'à Dimapur, base de ravitaillement principale britannique et Lédo, base principale pour Stilwell et ses Chinois.

Cet ensemble (croquis n° 9) est très précaire, formé de voies ferrées à écartement normal ou métrique, de bacs, de ferry-boats, de routes tout temps ou seulement de beau temps, avec plusieurs ruptures de charges. Au Bengale et en Assam, la mousson interrompt souvent les communications : celle de 1942-1943 sera particulièrement violente et destructrice.

Les Indes paraissent menacées et disposent de peu de troupes instruites dont une partie à Ceylan. En outre, 60 bataillons devront être employés pour venir à bout de nombreuses émeutes provoquées par Gandhi, de juillet à octobre 1942, avec un développement inhabituel de violences, 600 attentats et sabotages.

Les besoins sont immenses compte tenu de l'importance et de l'urgence des projets et aussi du simple fait d'un report du centre de gravité des forces britanniques vers la frontière nord-est, jusqu'alors jamais envisagé.

Pas moins de 200 terrains d'aviation tout temps à construire, des centaines de kilomètres de routes à aménager, des voies ferrées à doubler ou à changer d'écartement, 200 locomotives à faire venir des USA, sans parler des dépôts de toutes natures à constituer et à gérer.

Bref, des opérations en Birmanie faisaient peur et les "réalistes" auraient bien voulu les éviter.

SOLUTIONS ENVISAGÉES

Tant du point de vue militaire que politique, les solutions proposées furent nombreuses, souvent peu réalistes et entachées d'arrière-pensées.

Pour les Britanniques, dont la situation mondiale à cette époque est des plus critiques, il s'agit avant tout de reconstituer des forces pour défendre les Indes et plus tard reconquérir la Birmanie et Singapour.

Pour Roosevelt, très peu porté de nature aux reconquêtes impériales, l'effort principal offensif des Etats-Unis est à mener directement vers le Japon par le Pacifique. Mais soucieux d'éviter l'effondrement de Tchang et de pouvoir utiliser ultérieurement son immense potentiel de combattants, il accepte la suggestion de Stilwell de former et d'équiper à l'américaine, une trentaine de divisions chinoises au Yunnan et aux Indes. Ces divisions, partant de Lédo — force X — et du Yunnan — force Y — lors d'une offensive limitée dans le nord-est de la Birmanie, construiraient une bretelle routière, doublée d'oléoducs, allant de Lédo à l'ancienne route de Birmanie vers Bhamo, rétablissant ainsi la continuité des communications terrestres entre Calcutta et Tchoung-King, par un périple très long et acrobatique. Ceci se réalisera d'ailleurs mais seulement en janvier 1945 (croquis n° 9).

Quant à Tchang Kai-Check, alias Gimo, c'est-à-dire Generalissimo, alias Peanut (cacahuète), surnom donné par Stilwell, sa position est simple. S'il entend profiter au maximum de la loi prêt-bail et des instructeurs américains, c'est pour se constituer une armée moderne afin de régler ses comptes avec Mao Tsé-Toung. Dans l'immédiat, il accepte néanmoins un engagement limité en Birmanie, tout en changeant constamment d'avis sur le commandement des troupes et sur les moyens nécessaires. Il prête aussi complaisamment l'oreille aux propositions de Chennault, devenu commandant de l'aviation chinoise mais qui reste subordonné à Stilwell. La hiérarchie alliée n'a jamais été simple sur ce T.O.

Chennault préconisait pour un proche avenir le bombardement de Formose (Taïwan) puis du Japon lui-même, à partir de bases aériennes installées en Chine du Sud et défendues par l'aviation de chasse et au besoin par quelques forces aéroportées.

Il jugeait la solution de Stilwell beaucoup trop longue et coûteuse, ce qui n'était pas faux. Pourtant, lorsqu'il mettra en œuvre son plan avec la XIVe USAF, la réaction japonaise sera immédiate par voie terrestre et les aérodromes du sud de la Chine devront être évacués, ce que Stilwell avait toujours prédit.

Là encore, Roosevelt n'avait pas pris parti ou plutôt il avait fait poursuivre simultanément les deux solutions. Mais elles dépendaient étroitement, l'une et l'autre, d'un extraordinaire pont aérien qui fut mis en œuvre dès la prise de Rangoon.

Ce pont aérien fut surnommé le Hump, la Bosse, en raison du profil des vols au-dessus des contreforts de l'Himalaya (croquis n° 9). Il partit d'abord de Calcutta, puis dès que cela fut possible, de Lédo et aboutissait à Kunming. On fit venir des Etats-Unis 35 avions civils de lignes régulières, des Dakota C 46, luxueux, assez fragiles mais pouvant emporter quatre tonnes de fret. Plus tard, ils furent remplacés, car il y eut beaucoup de pertes, par des avions militaires, les excellents DC 3 (Dakota C 47) qui n'emmenaient que 2,5 T mais étaient plus robustes et surtout construits à plus de 20 000 exemplaires, dont certains volaient encore dans le monde entier dans les années 80. On utilisa même des bombardiers B 24 dont les très vastes réservoirs servaient au transport de carburant !

Il faut insister sur cette extraordinaire performance technique qui n'a jamais été égalée depuis. Le Hump, d'une portée moyenne de 1 500 km, transporta 500 000 t. de fret divers, de 1942 à 1945 en 227 000 vols. Le débit initial fut faible : 2 000 t. par mois à ses débuts en 1942 pour monter d'abord à 10 000 t. en 1943 (l'équivalent de l'ancienne route de Birmanie) puis à 20 000 t. en 1944 pour atteindre le chiffre record de 70 000 t. en juillet 1945.

A titre de comparaison, le fameux pont aérien de Berlin de 1948-1949 atteignit 100 000 t. par mois, mais avec des avions de plus gros tonnage et surtout des vols plus courts, 300 km et moins "bossus".

Les deux ponts aériens soviétique et américain mis en œuvre simultanément pendant la guerre du Kippour transportèrent, quant à eux, 20 000 t. en 35 à 45 jours avec de très gros porteurs.

On comprend mieux pourquoi Chennault et Stilwell se disputèrent avec acharnement le partage du tonnage du Hump qui resta la seule voie d'accès à la Chine des matériels militaires et des produits pétroliers, de mars 1942 à janvier 1945.

Du côté britannique une hésitation se révéla entre des solutions purement aéro-terrestres ou des solutions amphibies dirigées directement vers l'Arakan et Rangoon. On crut beaucoup aux amphibies en 1943 et c'est probablement une des raisons qui fit désigner un des meilleurs spécialistes du genre, l'amiral Louis Mountbatten comme commandant en chef interallié du T.O. lorsque celui-ci fut créé en fin 1943.

En fait, le manque de bateaux de débarquement, réservés d'abord à l'Europe puis au Pacifique, empêcha ce genre d'opérations en Birmanie jusqu'au début de 1945.

En ce qui concerne les chars, malgré les 45 000 construits aux Etats-Unis en 1942, la Birmanie ne vit arriver que des modèles périmés en petit nombre en 1943 et 1944 (modèles Lee-Grant, d'ailleurs fabriqués aux Indes) et des Sherman, seulement en 1945.

Ce ne fut pas le cas pour l'aviation. L'industrie américaine avait mis au point des prototypes excellents dont le fameux bombardier B17, forteresse volante et les avions de transport DC3. Dès 1939, par la loi "Cash and carry" (payez comptant et transportez") de nombreux chasseurs avaient été fournis aux Alliés.

L'aviation américaine qui n'eut son autonomie complète qu'en juin 1941, sous le nom d'USAAF (US Army Air Force) avait en outre commencé la formation de nombreux pilotes. Dès janvier 1942, le programme de fabrication voté par le Congrès fut de 60 000 appareils de tout type et de 125 000 pour 1943.

Malgré la priorité donnée aux théâtres d'opérations européens, l'aviation américaine surclassa rapidement en nombre et en qualité le potentiel japonais (7 000 en 1941, 10 000 en 1942, 18 000 en 1943 et 1944). Par ailleurs l'aviation japonaise était très dispersée tout autour de l'immense périmètre défensif de la grande Asie.

La Grande-Bretagne ne fut pas absente de cet énorme effort et les résultats de son industrie de guerre sont loin d'être négligeables. Ils atteignirent leur apogée en 1943 en qualité et en quantité : les Spitfires ont été sans cesse améliorés depuis 1940, le Beaufighter a été le premier avion équipé de radar. Il en a été de même pour les bombardiers Wellington, Halifax, Lancaster, Liberator, etc... Plus de 100 000 furent construits de 1939 à 1945, de l'ordre de 10 000 de première ligne en 1943 mais peu encore pour l'Extrême-Orient.

Quant aux forces terrestres, pour mieux mesurer l'effort de guerre britannique aux Indes, il convient de noter qu'un programme de formation de grandes unités anglo-indiennes existait depuis 1938.

D'abord limité à quelques brigades et aux 4e et 5e divisions indiennes qui se montrèrent efficaces en Libye et en Tunisie, il fut accéléré après mai 1940 par un programme d'une D.B. et de 5 D.I. Ce programme n'était pas encore terminé lors de l'attaque japonaise d'où une révision des destinations prévues.

Le gros de l'équipement venait encore des Etats-Unis du Canada et de Grande-Bretagne. Il était souvent assemblé aux Indes. Déjà, sur place, on commençait à fabriquer des canons antiaériens ou anti-chars et même de l'artillerie de campagne ainsi que toutes les armes légères ou collectives d'infanterie. Plus tard, 80 % des chars dont disposa Slim en 1944, de type Lee-Grant furent fabriqués aux Indes. Le nouveau plan de 1942 prévoyait 5 D.I. supplémentaires qui servirent toutes en Birmanie.

Mais, en juin 1942, après la retraite, la 17e mise hors de combat, il ne restait aux Indes que 4 divisions complètes, dont une à Ceylan et la 14e prévue pour la campagne de 1942-1943 en Arakan ; les autres étaient à l'instruction ou dispersées pour le maintien de l'ordre. Peu de grandes unités purement métropolitaines vinrent aux Indes. La 70e fut dispersée en bataillons, en particulier pour Wingate, la 5° fut retardée par son intervention à Madagascar ; la 2° fut l'ultime réserve d'Imphal-Kohima en 1944.

LA DIVISION DU TRAVAIL ET LE PLAN ANAKIM

Par de nombreuses conférences interalliées qui aboutirent à des états-majors et à des commandements permanents combinés, le travail pour l'Extrême-Orient s'est peu à peu réparti en tenant compte des habitudes acquises, des possibilités de chacun et des projets.

Outre le Hump, les USA fournirent progressivement l'essentiel de l'aviation, surtout en transport et en bombardement ; la Xe USAF fut basée aux Indes et la XIVe en Chine. La Grande-Bretagne conserva une aviation tactique importante et l'augmenta peu à peu considérablement. Les Etats-Unis constituèrent aussi l'aviation de support de la deuxième expédition de Wingate.

Ils finirent également par prendre en charge en 1943 la majeure partie des travaux d'infrastructure logistique. Ceux-ci dépassaient les moyens britanniques, pourtant considérables avec une main d'œuvre de près de 800 000 h. Le service américain SOS (Service of supplies), avec des moyens mécaniques de travaux publics considérables, réalisa non seulement la bretelle de la route de Birmanie, dite de Stilwell, mais aussi une bonne part des travaux sur la desserte logistique de la vallée du Brahmapoutre qui passa d'un débit de 3 000 T/J. à 7 500 T/J. en 1945.

Ils prirent en charge également l'instruction des divisions chinoises des forces *X* (aux Indes à Ramgarh) et *Y* (au Yunnan). En revanche les USA n'amenèrent pas de troupes terrestres aux Indes. En Chine, ils eurent seulement une force spéciale imitée de celles de Wingate, nom de code Galahad, souvent appelée les Merril's Marauders, du nom de son premier commandant, le colonel Merril.

Sur le plan opérationnel, on arrêta pour la saison sèche de 1942-1943 un plan très ambitieux, nom de code Anakim. Il prévoyait, outre l'offensive de Stilwell dans le nord-est, un appui, voire une reconquête, venant des Indes (Imphal) vers l'Irrawaddy par les anglo-indiens, une autre offensive anglo-indienne en Arakan, partant aussi de l'Inde (Chittagong) pour conquérir Akyab dont les aérodromes étaient nécessaires pour l'appui aérien des opérations sur tout le territoire birman. Une action amphibie sur Rangoon était également envisagée.

Bien entendu, faute de moyens, des réductions successives furent apportées à ce plan, jusqu'à le ramener à l'unique opération sur Akyab. Après hésitation, on ajouta, à "titre expérimental" en quelque sorte, l'exécution du premier raid de Wingate. Le reste fut repoussé à plus tard, lorsque des moyens plus importants et surtout mieux instruits auraient pu être réunis. C'était bien la sagesse, selon Slim, qui avait reçu le commandement du 15° C.A. indien. composé en fait de divisions à l'instruction. Slim pensait qu'il fallait repartir de zéro et avant tout, se reforger un outil, une tactique adaptée au terrain et à l'adversaire et une logistique convenable.

Tous les éléments favorables ou défavorables de la campagne de 1942-1943 ne pourraient qu'être améliorés pour 1943-1944. Il ne fut donc pas fâché d'être en quelque sorte mis de côté pour la saison sèche 1942-1943 au profit d'un nouveau double commandement confié à Irwin et à Lloyd. Il put ainsi se consacrer en profondeur à cette tâche qu'il jugeait essentielle, avec sa triple expérience de la retraite, de l'échec en Arakan en 1942-1943 et des leçons qu'il tirera du premier raid de Wingate.

Parmi les solutions britanniques, l'une avait en effet été proposée par un anti-conformiste notoire et passionné, Orde Wingate, promoteur acharné d'une nouvelle méthode de combat indirect.

Il était déjà connu pour avoir organisé avec succès en 1936 une sorte de légion juive en Palestine au profit des sionistes très menacés dans leur existence même et surtout des forces de guérilla très efficaces en Ethiopie au profit du Négus en 1940-1941.

C'est Wavell qui l'ayant connu et estimé à cette époque, l'avait fait venir en Birmanie comme général de brigade à l'âge de 39 ans, pour qu'il trouve la solution de guérilla adaptée au terrain.

Cela ne traîna pas et dépassa les espérances de Wavell, jusqu'à convaincre W. Churchill et les Américains du nouvel état-major combiné de Washington. Il faut dire que Wingate ne laissait personne indifférent et créait spontanément une vive répulsion — généralement chez ses supérieurs ou ses égaux — ou bien une conviction et dévouement sans limites, généralement chez ses subalternes.

CHAPITRE 5

Le premier raid de Wingate

Très rapidement après son arrivée sur le théâtre d'opérations, Wingate proposa d'instruire spécialement des troupes et d'expérimenter dès cette campagne, un nouveau système d'opérations qu'il appela "long range penetration" L.R.P., c'est-à-dire de pénétration profonde. Il considérait que ce système devait être généralisé aux dépens de toute autre solution classique "frontale".

Ce premier système peut être résumé ainsi : il s'agissait de transporter, de préférence par air, essentiellement des fantassins, mais aussi de l'artillerie et du génie, munis de moyens de transport muletiers, très loin en arrière des lignes japonaises.

L'objectif était de menacer et de détruire leurs lignes de communications essentielles jusqu'à affaiblir considérablement et même à paralyser la logistique des troupes de l'avant.

La grande nouveauté du système LRP était que ces troupes soient assez puissantes pour porter des coups valables mais assez petites pour échapper à l'ennemi le cas échéant. Elles devaient donc marcher en ordre dispersé, être très mobiles, agir ensemble après concentration à des dates fixées d'avance et devenir insaisissables après leur "coups".

Il en résultait de sérieuses contraintes comme celles d'avoir des guides locaux de toute confiance, d'excellentes transmissions radios et surtout d'être *entièrement ravitaillées par air* au moyen de largages à des endroits convenus au dernier moment.

Des solutions pour l'évacuation des blessés et malades — la plaie habituelle de toutes les colonnes légères, commandos, etc. — seraient expérimentées pendant le raid, par moyens aériens.

De toute façon, Wingate faisait *a priori* le pari que les pertes seraient moins lourdes que celles causées par les attaques frontales héritées de la Grande Guerre, la hantise de tous les militaires britanniques de cette génération.

S'affranchir de lignes de communications logistiques terrestres représentait, nous l'avons évoqué, un avantage énorme en Birmanie.

Dès le début, Wingate pensait aussi que des troupes régulières avec un court entraînement, pourraient opérer pendant de longues périodes au cœur du dispositif japonais.

Sous le nom de code de 77e brigade indienne, 3 500 hommes furent entraînés dans un centre anglo-indien spécialisé à la tactique LRP, super-commandos n'ignorant rien des explosifs, des transmissions, ni... de la marche à pied. Avec les méthodes britanniques, toujours très efficaces et rapides, cette instruction s'effectua sur terrain de jungle, du début janvier au 15 février 1943.

Les hommes avaient été soigneusement sélectionnés au sein de la 70e DI britannique et d'unités gurkhas. La composition de la 77e brigade indienne (v. tableau ci-joint) permettait de la scinder en 7 colonnes mixtes de 400 h. avec chacune une section de Birmans pour les aider dans les liaisons inévitables avec les populations locales. Chaque colonne avait sa propre équipe aérienne, toujours la même dès l'entraînement.

Le surnom de Chindit fut choisi par Wingate lui-même d'après le nom des statues d'un animal mythologique (Chinte) moitié lion, moitié aigle, symbolisant ainsi l'étroite union des Armées de terre et de l'air.

Prévue d'abord pour aider l'offensive chinoise de Stilwell, l'opération Longcloth fut néanmoins maintenue par Wavell sur l'insistance de Wingate. Elle perdit donc l'essentiel de son intérêt stratégique, ce qui plongea les Japonais dans la perplexité sur les buts poursuivis.

Wingate était si sûr de son fait qu'il fit mettre à l'instruction dès le début de février, une nouvelle brigade de Chindits. Il insista pour la création rapide de la 50e brigade parachutiste indienne prévue au plan et fit étudier de près le problème d'acheminement des charges lourdes par planeurs tractés par DC 3.

En raison du manque de moyens aériens, la 77e brigade de chindits ne put être acheminée par air à proximité immédiate de son objectif principal, le corridor des voies ferrées d'Indaw. L'approche, 400 km, dut se faire à pied avec des mulets et sans aucun véhicule à moteur.

77e brigade d'infanterie indienne (Chindits)

Composition

Commandant de la brigade : Brigadier O.C. Wingate

1. *Ordre de bataille*
— 13e King"s Liverpool Rgt
— 3/2 Bat. de fusillers gurkhas
— 142e Compagnie commando
— 2e Régt. de fusiliers birmans
(réparti par sections dans les colonnes)
— 8 sections de la RAF
— 1 Cie muletière.

2. *Pendant l'opération*
2 groupes et 7 colonnes
— groupe sud : P.C. et colonne 1 et 2
- commandant : Lt Cl. Alexander (tué en opérations)
colonne n° 1 : Major Dunlop
colonne n° 2 : Major Emmett
142e Cie commando : Major Jeffries

— groupe nord : P.C. de la Brigade, du groupe et colonnes 3, 4, 5, 7, 8 (la 6e colonne fut dissoute pour pallier les pertes globales à l'entraînement)
- commandant : Lt Cl. Cooke
colonne n° 3 : Major Calvert
colonne n° 4 : Major Broomhead
colonne n° 5 : Major Ferguson
colonne n° 7 : Major Gilkes
colonne n° 8 : Major Scott
2e Fusiliers birmans : Lt Cl Wheeler (tué en opérations)
mission spéciale : capitaine Herring (v. p. 72).

3. *Organisation de base*

Chaque colonne comprenait 1 P.C., 1 élément de la RAF pour la liaison radio avec l'aérodrome réservé à la brigade (Agartala) et le guidage des largages et appui-feux, 1 section de transmissions pour les liaisons avec la brigade et les liaisons internes, la section birmane pour servir de guide-interprète et de liaison avec les populations locales, un élément médical.

Les combattants comprenaient la valeur d'une compagnie d'infanterie, d'une section de sabotage, d'une section de soutien (2 mortiers de 3 pouces et 2 mitrailleuses lourdes), une section de transport dite de seconde ligne (2 mitrailleuse AA).

Chaque compagnie d'infanterie avait, outre ses armes individuelles, 9 mitr. légères et 4 fusils antichars.

4. *Effectifs*
— total des colonnes : 2 394 h. dont 82 officiers britanniques et 41 officiers indiens ou birmans.

5. *Transport*
— Chaque colonne comptait 15 chevaux, 51 mulets de 1e ligne et 49 de seconde ligne qui transportaient armes, munitions et postes radios.

Croquis n° 10

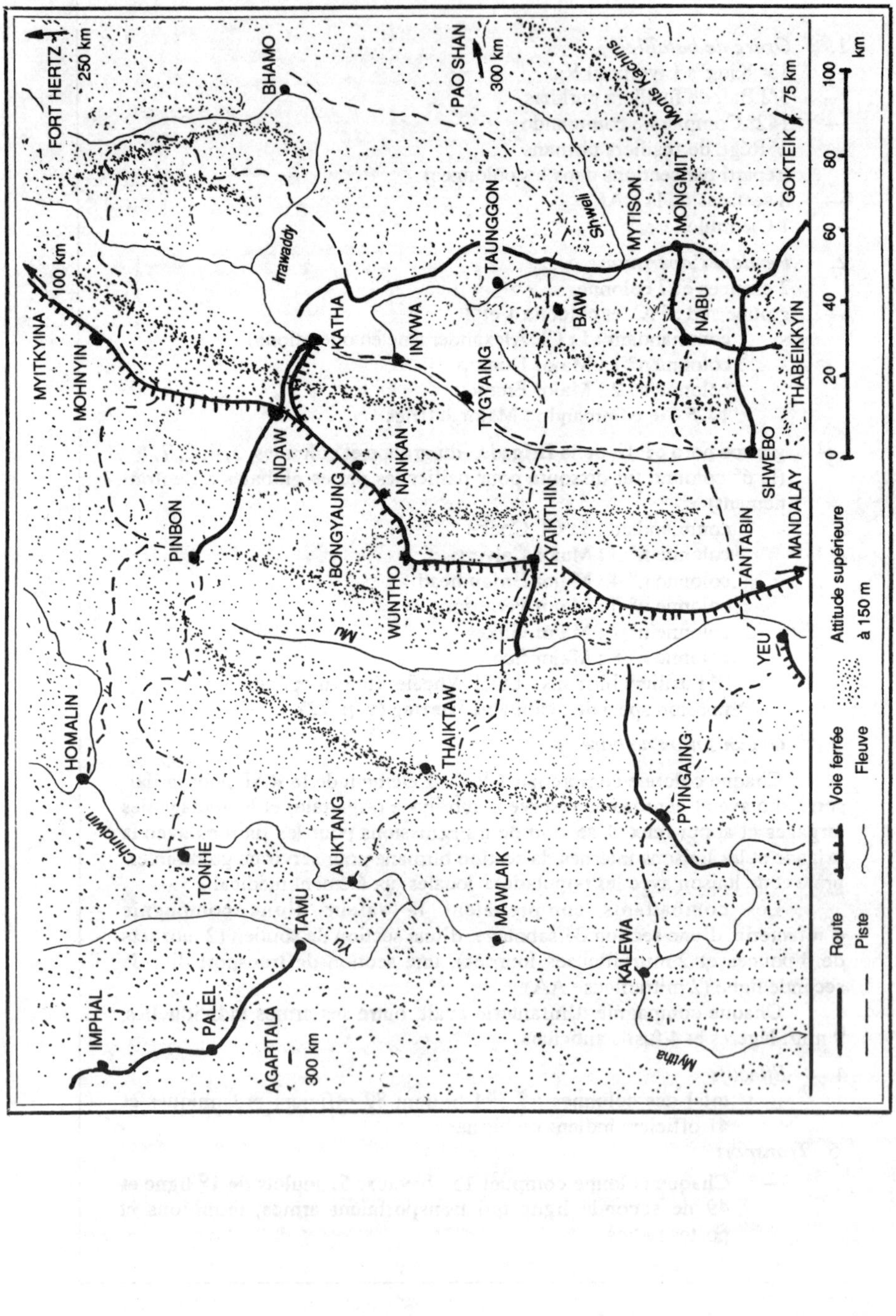

Premier raid de WINGATE : "Opération LONGCLOTH"
février-mai 1943

Le soutien aérien fut assuré par la RAF depuis le terrain d'Agartala (v. croquis n° 9) où spécialistes du largage et trois mois de logistique avaient été regroupés. Faute de parachutes, on en avait improvisé à base de jute, matière première excédentaire aux Indes. Immédiatement surnommés "parajutes" ils se révélèrent si parfaits à l'usage qu'on les utilisa en abondance par la suite.

Le plan final adopté était de partir vers la mi-février 1943 pour rentrer avant la mousson de mai. On devait utiliser les sept colonnes en deux groupes sur des itinéraires différents, échelonnés sur la Chindwin d'Homalin à Mawlaik (croquis n° 10), franchir celle-ci sur des radeaux de circonstance, harceler la voie ferrée principale et les détachements de garde et d'exploitation, de Kyaikthin au sud à Mohnyin au nord, avec effort sur la partie centrale plus encaissée entre Wuntho et Indaw.

Suivant les réactions ennemies et si le temps restait suffisant avant le retour obligé du 15 mai, un franchissement de l'Irrawaddy n'était pas exclu avec un retour vers la Chine par les monts Kachins, au sein de populations favorables.

L'évaluation des renseignements de fin janvier qui accordait aux Japonais cinq DI au lieu des quatre réellement présentes, concluait que le ravitaillement de la 55e déployée dans la zone de Myitkyina-Bhamo au nord-est pourrait être sérieusement affecté.

Sans entrer dans les détails de l'opération, on peut en décrire l'essentiel sans perdre de vue les difficultés du climat, du terrain, spécialement dans une progression ouest-est : chaîncs montagneuses élevées, vallées étroites mais rivières larges, orientées nord-sud.

La brigade fut divisée en deux groupes d'importance inégale :

— le groupe nord (principal) avec l'état-major de Wingate et 5 colonnes : au total environ 2 200 h. et 850 mulets. Itinéraire : Tonhe, Pinbon, voie ferrée entre Nankan et Bongyaung puis, vers le sud-est pour franchir l'Irrawaddy vers Tygyaing ;
— le groupe sud, avec un P.C. allégé et deux colonnes : au total environ 1 000 hommes et 300 mulets. Itinéraire : franchissement de la Chindwin vers Auktang, la chaîne montagneuse à Thaiktaw, la voie ferrée à Kyaikthin.

La première partie de l'opération qui démarra du 13 au 16 février 1943 se passa convenablement. Les Japonais furent complètement surpris et ne réagirent que très lentement, en fait, après l'exécution des destructions de la voie ferrée. Pourtant, une des colonnes du sud, retardée par un premier contact sérieux avec l'ennemi, n'arriva dans sa zone de destruction que le 2 mars et tomba dans une grande embuscade à 5 km de la voie ferrée. Elle y perdit toute cohésion, se dispersa en petits groupes qui presque tous repassèrent la Chindwin sauf quelques isolés qui réussirent à rejoindre l'autre colonne et le P.C. toujours groupés.

Les colonnes du groupe principal du nord, passèrent la Chindwin à partir du 14 février et reçurent 35 t. de largages faits en rase campagne, au cours des trois nuits du 15 au 18. Plus tard, on améliora la formule quand on s'aperçut que les largages pouvaient être faits en zone semi-couverte et même dans la jungle.

Un seul incident notable, le 25 février, une attaque préparée par trois colonnes sur l'emplacement prévu d'un détachement japonais : ce détachement avait évacué les lieux en laissant quelques éléphants qui se révélèrent très précieux ! Evitant les pistes les plus utilisées et les détachements japonais les plus importants, le groupe franchit la rivière Mu sans difficulté. Wingate fit accélérer la marche de deux colonnes (Ferguson et Calvert) respectivement sur Bongyaung et Nankan pour les destructions, tandis que les trois autres colonnes effectueraient des diversions pour attirer les Japonais loin de la voie ferrée. L'une de ces colonnes fut dispersée par les Japonais le 4 mars et se retira vers la Chindwin.

Pourtant les diversions, accompagnées de bombardements aériens, jouèrent à plein et le 6 mars, une des colonnes détruisit aiguillages et ponts de la voie ferrée et embouteilla la voie dans un défilé. Le même jour, l'autre colonne qui avait attendu 36 heures sur place pour la synchronisation, fit sauter deux grands ponts et coupa la voie sur plus de 70 points.

Wingate, qui n'avait plus de nouvelles du groupe sud, hésita à poursuivre vers l'est. En un mois, il avait réussi toutes les actions prévues, sauf la prise de la piste d'atterrissage d'Indaw. Des pertes sévères semblaient avoir été causées à l'ennemi, lui-même n'en ayant eu que de très faibles. Wingate décida cependant de continuer à retenir les forces japonaises pendant les deux mois suivants, tout en restant sur place. Puis, le 10 mars, apprenant que le reste du groupe sud avait déjà franchi l'Irrawady et que deux des colonnes du nord ne rencontrant aucune résistance, demandaient à en faire autant, il décida de suivre avec toute la brigade.

Ferguson franchit dès le 10 mars avec des bateaux locaux. Calvert eut moins de chance, son mouvement d'approche ayant été repéré. Il comprit très vite que son franchissement n'aurait pas le temps de se faire ; il confia donc ses blessés à des paysans birmans et abandonna une partie de ses mulets. Ainsi allégé, il rallia la 5e colonne dès le 15 mars.

Les deux autres colonnes et le PC de Wingate, malgré un retard dû à une intervention japonaise sur une opération de largage, s'échappèrent et passèrent sans opposition le 18 mars dans la région d'Inywa.

Où en étaient les Japonais ?

Leur dispositif de 4 D.I. correspondait, en gros, à celui qu'avaient reconstitué les Britanniques :

— 1 D.I. en Arakan (la 55e)
— 1 D.I. entre Bhamo et Lashio (la 56e)
— 1 D.I. entre Myitkyina et Katha (la 18e)
— enfin la 33e, moins 1 régiment, bordant la Chindwin et gardant les vallées de Kabaw et de Myttha, le tout dans des garnisons très dispersées.

En outre, 1 régiment de la 18e venait d'être réparti en petits détachements pour reconnaître la frontière indienne et avait abandonné ses garnisons antérieures dont celle de la voie ferrée de Katha à Indaw.

Les premiers renseignements sur l'entrée des Chindits en Birmanie vinrent très tôt, dès le 11 février, mais ils étaient très imprécis.

Les Japonais crurent qu'il ne s'agissait que de détachements de renseignements, analogues aux leurs, agissant dans le no man's land et n'y attachèrent aucune importance. Cette première attitude favorisa grandement l'approche des Chindits.

Ce n'est qu'au reçu des comptes rendus de destruction des ponts de la voie ferrée qui se multiplièrent du 3 au 18 mars que les Japonais commencèrent à se poser des questions. Mais comme souvent, devant l'imprévu et l'incompréhensible — ils ignoraient le ravitaillement par air —, ils prirent le temps de réfléchir.

Après quelques jours de vaines recherches — vers l'ouest ! — le régiment dispersé reçut l'ordre de regagner sa base centrale de Katha.

Vers le 12 mars, un premier ravitaillement par air fut découvert et la 15e armée en conclut que l'objectif d'une force encore inconnue, était Bhamo. La décision fut prise en conséquence de faire poursuivre tout détachement ennemi qui franchirait l'Irrawady ou la Shweli (croquis n° 10) par la 18° DI ou par la 56e D.I. au nord de Mytison.

Wingate avait emmené avec lui une section birmane escortant le capitaine Herring, avec mission de remonter le territoire Kachin pour déterminer avec les chefs de tribus les possibilités de mobilisation ultérieure de "maquis" à qui on fournirait armes et instructeurs.

Herring mena à bien sa mission et parvint au nord est de Bhamo le 15 mars sans avoir rencontré un seul Japonais. Mais faute d'une portée suffisante de ses postes radios, il ne put rendre compte de son succès que le 13 avril. Avec l'aide de détachements kachins enthousiastes, il rentra par Fort Hertz et Lédo (croquis n° 1).

A ce moment, la 77e brigade était déjà dispersée car la seconde partie du raid des Chindits faillit tourner à l'échec.

L'espoir caressé un moment par Wingate d'"hiverner" chez les tribus amies fut vite déçu en raison du terrain, très sec et dénudé, différent de celui qu'il avait connu à l'ouest de l'Irrawady.

Comprenant très vite qu'il serait repéré et rapidement pris au piège, il avait cependant envoyé le 17 mars une colonne aux ordres de Calvert pour détruire le viaduc des gorges de Gokteik (croquis n° 7).

La dispersion atteinte commençait à devenir un obstacle à de bonnes transmissions, donc à la cohésion d'ensemble ; en outre, la région de Mongmit fut reconnue le 22 mars comme fortement occupée et patrouillée. Malgré de sévères bombardements aériens exécutés sur le champ, le problème du soutien depuis les Indes commençait à se poser.

Rendant compte au 4° C.A. de ses projets vers Bhamo et Lashio, Wingate fut averti que c'était inexécutable et on lui suggéra de contre attaquer plutôt vers Shwebo à 40 km au sud de Tantabin à portée aérienne plus faible. Wingate répondit que c'était impossible depuis que les Japonais avaient mis sous bonne garde tous les bateaux locaux. Le 24 mars, il lui fut donc ordonné de commencer son retour.

Le même jour, une expérience instructive pour l'avenir montra qu'avec un très court préavis, on pouvait changer la localisation d'un largage important. L'un d'eux, planifié à Baw fut déplacé d'une dizaine de kilomètres car le village était fortement occupé par l'ennemi ; le nouveau largage réussit parfaitement.

Le 24 au soir, Wingate donna l'ordre de retour. La colonne de Gokteik devait retourner isolément vers la Chindwin. Les restes du groupement sud, enfin récupérés à l'écoute, furent envoyés vers l'est pendant deux à trois jours pour induire l'ennemi en erreur, accompagné de faux messages en clair, etc. Comme on pensait que des bateaux pouvaient se trouver au confluent Shweli-Irrawaddy (Inywa) et que les Japonais jugeraient peu vraisemblable que le même endroit fut utilisé au retour comme à l'aller, tout le reste du groupement nord s'y rendit à marches forcées en un seul élément de quelques 1 200 h.

De faux largages furent également effectués près de Shwebo, Lashio et Bhamo. Bref, le grand jeu !

On lâcha ensuite les mulets, en ne conservant que ceux des postes radios et quelques autres indispensables.

En approchant de la rivière, les colonnes reprirent cependant une certaine dispersion. Bien leur en prit car le confluent était fortement occupé par les Japonais sur la rive ouest.

Un petit nombre d'hommes passa le 29, mais il devient évident que l'ensemble ne le pourrait pas. Un dernier largage eut lieu le 30 dans la jungle et chaque colonne et groupe dispersé tenta sa chance chacun pour soi, à peu près au même moment et sur un front aussi étendu que possible.

Seule la 3e colonne fut laissée en arrière-garde pendant quelques temps. Cette méthode avait été préparée, discutée et mise au point de longue date. Ainsi Calvert était à la hauteur de Nabu quand il reçut l'ordre de repli. Il avait envisagé de tenter ce repli soit par la Chine, soit en passant l'Irrawaddy entre Bhamo et Katha. Ayant échoué au passage de la Shweli vers Taunggon, il se résigna avec beaucoup de répugnance à diviser sa colonne en groupes de 10 hommes et à les envoyer sur le chemin du retour.

Sans entrer dans les détails des aventures de chaque colonne ou détachement, en voici un bilan résumé.

Les fusiliers birmans, rattrapant le commando Herring, rentrèrent très rapidement par Fort Hertz. Deux autres colonnes franchirent l'Irrawaddy très au nord entre Bhamo et Katha et rejoignirent la Chindwin à Tonhe. D'autres prirent la route du sud. La colonne 7 prit le chemin des monts Kachin, atteignit la Chine à Pao-Shan par l'ancienne route de Birmanie et fut rapatriée aux Indes par les avions du Hump.

Mais la majorité rejoignit à pied la Chindwin qui fut franchie à des dates et à des endroits variés, surtout à Tonhe et Auktang.

Certains petits groupes, ayant perdu leurs cadres, n'eurent plus les moyens d'appeler le ravitaillement aérien. Beaucoup furent repérés par l'aviation de reconnaissance, par la technique du miroir mise au point avant le départ. Ils purent ainsi recevoir vivres et indications à jour sur les meilleurs itinéraires.

Un des groupes, chargé de blessés et de malades, improvisa une piste aérienne où un DC3 put atterir et après un décollage difficile ramener 17 blessés.

D'autres durent se fier à la population locale et lui acheter des vivres. Jusqu'au début de juillet, des isolés rentrèrent.

Sur les 3 200 h. qui avaient pénétré en Birmanie au début de février, environ 2 200 étaient rentrés aux Indes quatre mois plus tard. Sur les 1 000 manquants, on estime qu'il y eut 450 morts, 400 prisonniers de guerre et quelques déserteurs birmans.

Ils avaient parcouru au moins 1 600 km et pour certains jusqu'à 2 500. Beaucoup étaient très affaiblis mais sans aucun doute, beaucoup moins que lors de la retraite de 1942.

Presque tous avaient ramené leurs armes individuelles. Tous étaient très fiers de cet exploit extraordinaire et surtout d'avoir détruit à jamais le mythe de l'invincibilité et de la supériorité du soldat japonais dans la jungle.

CHAPITRE 6

Echec en Arakan

L'objectif était simple : s'emparer de l'aérodrome d'Akyab, nécessaire aux opérations futures (v. croquis n° 1 et 11).

Quant à la campagne elle-même, on retrouve les mêmes erreurs et les mêmes causes d'échecs qui avaient ou auraient dû être dégagées des premières opérations de 1941-1942 :

— logistique devant emprunter une ligne de communications réduite à un seul itinéraire peu fiable en temps de pluie ; insuffisance de bateaux,
— aucune liberté d'action laissée au chef opérationnel, le général Lloyd commandant la 14 D.I. indienne, par le commandant en chef de l'armée d'Extrême-Orient, le général Irwin et intervention constante de Wavell, commandant en chef aux Indes,
— avance processionnelle pour respecter un "front continu",
— terrain très difficile à la fois montagneux et marécageux, très couvert, la haute chaîne centrale non contrôlée,
— effort de renseignement, mais surprise néanmoins de la rapidité de la riposte japonaise quand Akyab commença à être menacée,
— moyens aériens insuffisants.

Comme on croyait avoir du temps, deux brigades sur les trois de la 14 D.I. furent affectées à l'aménagement de la route vers le sud depuis Cox's Bazar jusqu'à la rivière Naf et le port de Maungdaw. Une seule brigade assurait la marche en avant.

Croquis n° 11

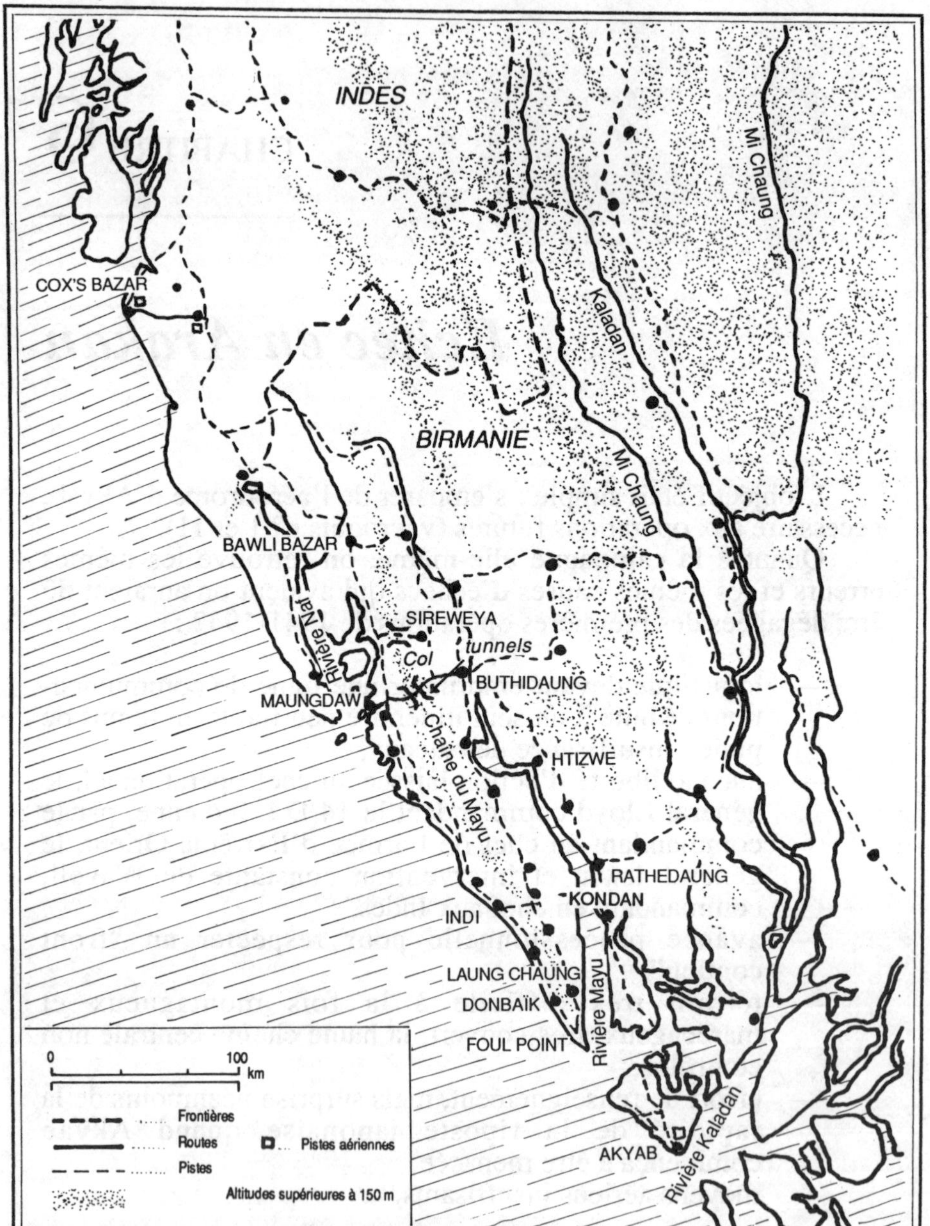

Echec en ARAKAN
sept 42 - mai 43

L'avance britannique commença à la fin de septembre, elle prévoyait l'occupation du seul itinéraire transversal tout temps Maungdaw-Buthidaung pour le 1er décembre 1942 par une brigade, couverte sur la piste de Htizwe par un bataillon et des éléments de renseignements. Ces éléments furent recrutés parmi le personnel de plantations locales et fournirent d'excellentes informations.

La péninsule devait être prise pour le 15 janvier et l'attaque sur Akyab entreprise à la fin du mois, par plusieurs brigades.

L'avance fut retardée par de fortes pluies, phénomène fréquent dans cette région, même à cette période de l'année.

Pourtant les Japonais évacuèrent sans combat la ligne Maungdaw-Buthidaung le 17 décembre. La descente vers Kondan et Donbaik fut un peu moins lente et vers le 15 janvier presque toute la presqu'île était occupée, mais avec de faibles effectifs. Foul-Point avait même été reconnu, faiblement occupé.

Cependant, les Japonais n'étaient pas décidés à permettre l'occupation d'Akyab et réagirent avec vigueur et rapidité. Ils fixèrent d'abord les Alliés à l'extrémité sud de la presqu'île en particulier à Donbaik et à Laungchaung. Ils y restèrent malgré des attaques renouvelées avec des moyens de plus en plus puissants, y compris des bombardements aériens. Les positions japonaises avaient été renforcées pour être à l'épreuve de l'obus de 105. On reconnaît là l'aspect du combat défensif mené jusqu'à la mort par les Japonais, déjà évoqué au sujet des barrages routiers.

Au bout d'une longue ligne de communication, dangereusement exposée, les moyens britanniques étaient encore insuffisants pour écraser de telles résistances. Ils échouèrent aussi autour de Rathedaung.

A partir du 24 janvier, les Japonais qui n'avaient eu jusqu'alors qu'un seul régiment dans ce secteur, rameutèrent la totalité de la 33e D.I. (général Koga) venant de la région de Toungoo-Promé. Les gros de la division japonaise n'arrivèrent que vers le 15 février à cause du terrain très difficile.

Des combats acharnés se déroulèrent alors sur des fronts étroits entre plages et collines contre des blockhaus rendus inexpugnables.

Pour des questions de prestige, — la première contre-attaque britannique en Birmanie ne pouvait échouer —, le commandement local fut sans cesse aiguillonné par Wavell et même Churchill. L'emploi de 15 chars Valentine amenés sur place avec beaucoup de difficultés, ne put entamer la résistance japonaise.

L'esprit occupé entièrement par ce bout de presqu'île imprenable, Llyod ne prêta sans doute pas assez d'attention au danger qui pouvait venir de l'est. Koga ne manqua pas l'occasion. Il fit franchir le bras de la Mayu à la valeur d'un régiment, au nord de Kondan à la hauteur d'Indin. Il enfermait ainsi la flotille britannique dans un cul de sac. Le régiment s'installa rapidement sur la crête puis réussit à couper la presqu'île, isolant ainsi deux brigades britanniques dont l'une commençait son repli.

Le colonel Tanahashi se couvrit de gloire dans cette opération.

Les Britanniques ne réussirent à se dégager que partiellement. L'une de leurs brigades se débanda, son chef le général Cavendish fut blessé et fait prisonnier avec son état-major. Il mourut presqu'immédiatement sans qu'on ait su exactement de quelle manière. Là encore le courage des troupes n'est pas en cause et certains faits d'armes furent glorieux mais inefficaces. Lors de son dernier assaut, une brigade compta plus de 300 tués et blessés.

Finalement, de son propre chef, Llyod ordonna le 29 mars le repli général. Il fut immédiatement relevé de son commandement. Irwin assura l'intérim en attendant le successeur, Lomax, commandant la 26e division indienne.

Le commandant de la 47e brigade qui avait commencé son repli sur l'ordre de Lloyd, le continua sans obéir au contrordre d'Irwin de tenir "à tout prix", dont il dit plus tard qu'il "ne tenait aucun compte de la réalité".

Au total, en abandonnant tout son matériel lourd et en s'infiltrant par petits groupes, la valeur d'une demi-brigade réussit à rejoindre les lignes anglaises reformées plus au nord le 5 avril. Il restait à savoir si l'on pourrait tenir la ligne Maungdaw-Buthidang. Le 14 avril, Slim fut appelé pour remettre de l'ordre et sagement, préconisa un repli plus profond qui ne fut pas discuté. C'est à ce moment, semble-t-il, qu'il tira de ce nouveau désastre l'idée tactique essentielle de renoncer à "conquérir et tenir le terrain" au profit d'opérations menées à partir de bases solides, ponctuelles, bien organisées et susceptibles d'être défendues et ravitaillées par air, pour obtenir l'usure des assaillants.

Irwin fut remplacé par Giffard au commandement de l'armée d'Extrême-Orient dont l'entente avec Slim fut tout de suite complète. Ce fut aussi la dernière intervention de Wavell dans les opérations. Il fut promu field-marshall le 18 juin 1943 et devint vice-roi des Indes. Il reconnut plus tard

> "qu'il avait imposé à une partie de l'armée [à ce moment] une tâche bien supérieure à son degré d'entraînement et à ses capacités."

Le bilan, en tout cas, était désastreux pour les Britanniques. 5 000 pertes contre à peu près 1 000 pour les Japonais. Mais surtout le défaitisme qui en résulta empoisonna longtemps les relations entre les Américains et les Britanniques.

Il y avait un abîme entre ce bilan et celui obtenu par Wingate même si pour ce dernier, en termes de stricte efficacité militaire, les résultats pouvaient être discutés : les dommages causés aux voies ferrées japonaises furent réparés en trois semaines. Mais sur le plan du moral et sur celui des méthodes à utiliser dans les campagnes futures, il n'y avait aucune comparaison possible. Les gens de bon sens le comprirent immédiatement. Wingate devint sur le champ un héros national, que Churchill emmènera avec lui dans les conférences internationales pour développer ses thèses et obtenir des moyens. Il réussira si bien qu'il trouva chez les Américains l'aviateur idéal pour ce genre de mission (voir p. 101). Il convaincra aussi très facilement les mêmes Américains de former aux Indes une force analogue aux Chindits destinée à Stilwell.

Compte tenu de la nature passionnée de Wingate, cet élan d'admiration n'était pas sans danger. On commença à parler dans l'armée britannique "d'armée privée".

En fait l'homme dont la Grande-Bretagne semblait avoir besoin et qui avait l'envergure nécessaire pour utiliser au mieux Wingate et pour s'entendre avec Stilwell, c'était bien Slim, dont la réputation grimpait en flèche.

Dès que les plans pour la campagne de 1943-1944 et les prévisions pour 1945 furent arrêtés, aux conférences de Washington et de Québec (mai et août 1943), il fut nommé lieutenant-général et commandant de la 14e armée britannique. C'est aussi à Québec que fut créé le commandement interallié opérationnel du SEAC (South East Asia Command)[1] sous les ordres de l'amiral Louis Mountbatten avec Stilwell comme adjoint.

1. et non pas, comme le dirent quelques méchantes langues américaines : Save English Asiatic Colonies.

CHAPITRE 7

Slim et sa solution

A. L'HOMME ET SA LUCIDITÉ

C'est par sa lucidité que Slim semble surtout dominer ses contemporains. Elle frappe immédiatement le lecteur de son ouvrage : "Defeat into victory".

Elle s'exerce principalement dans trois domaines :

— d'abord envers lui-même : les fautes qu'il a commises sont avouées sans complaisance,
— dans l'analyse des causes de la défaite britannique et des remèdes qu'il convient d'y apporter,
— dans l'appréciation de son adversaire, des faiblesses qu'il lui attribue et dont il entend bien se servir pour le vaincre.

William Joseph Slim est né à Bristol le 6 août 1891 et mort à Londres le 14 décembre 1970, field-marshall et vicomte.

Il a donc cinquante ans au début de la campagne en Birmanie. Il offre la particularité assez rare pour un maréchal britannique d'être passé par le rang. De famille modeste — son père était un petit artisan — il passe la plus grande partie de sa jeunesse à Birmingham comme petit employé puis instituteur privé, enfin contremaître dans une usine. Volontaire à la guerre de 1914, il sert aux Dardanelles en 1915 où il est gravement blessé. Il sert à nouveau en 1917 en Irak et obtient la military cross. Entre les deux guerres, sa carrière se déroule en majorité dans l'Armée des Indes, où il sert au sein d'unités gurkhas avec Cowan et Bruce-Scott, ses deux futurs divisionnaires au Burcorps.

Il ne suit pas les cours du Staff College de Camberley — l'équivalent de notre Ecole de Guerre — mais son succédané à Khettar, aux Indes. En revanche, il est professeur à Camberley de 1934 à 1936 ce qui est déjà la promesse d'une excellente carrière.

Au début de la seconde guerre mondiale, il commande la 1re brigade indienne. Très vite appelé en Afrique, il se distingue en Ethiopie où il connaît Wingate, puis au Moyen-Orient où il devient brigadier général. A la tête de la 10e D.I. indienne, il participe aux opérations contre l'Irak en révolte puis à la fin de la campagne de Syrie en juin 1941 contre les troupes françaises de Vichy.

C'est Wavell qui l'appelle en Birmanie où il prend le commandement du Burcorps le 19 mars 1942.

Marié, il a deux enfants dont l'un fera carrière dans les parachutistes britanniques. Sa femme le suit dans la majorité de ses déplacements ; c'est à elle qu'il dédie son livre dans les termes suivants :

> "A Aileen, une femme de soldat qui a suivi le mouvement et a toujours su faire un foyer familial, aussi bien dans une case que dans un palais de gouvernement".

Physiquement, les photos révèlent assez clairement l'énergie, la résolution, le bon sens et la maîtrise de soi dans une physionomie naturellement bienveillante mais dont l'expression peut devenir très dure et très tendue.

Quoiqu'assez peu démonstratif, il inspire confiance et est très estimé dans la troupe, non seulement parce qu'il se préoccupe d'elle mais aussi parce qu'il a la réputation d'avoir de la chance. Autodidacte, il possède néanmoins une culture solide, un jugement sûr et l'esprit pénétrant. Il réussit également très bien dans les relations publiques même interalliées. Il aime les caractères forts et le théâtre d'opérations de Birmanie n'en manque pas, avec des personnalités aussi extraordinaires et différentes que Stilwell, Wingate, le chinois Sun Li Jen, Giffard, Mountbatten, etc. Stilwell et lui s'estiment beaucoup, leurs mémoires en témoignent. Stilwell, au caractère exécrable et peu anglophile, refusera par exemple le contrôle opérationnel de Giffard, comme ce serait logique, mais l'accepte de Slim, au soulagement général.

Peut-être cette réussite dans les relations publiques est-elle due au sens de l'humour que Slim possède au plus haut point ?

En voici deux exemples qui montrent aussi que les généraux ne sont pas indifférents aux questions d'aspect physique. Pendant la retraite Slim décrit l'aspect des troupes britanniques en loques et portant presque tous la barbe et il ajoute :

"J'avais moi-même essayé de me faire pousser la barbe quand elle fut devenue à la mode, mais elle était complètement blanche et l'effet probable sur les troupes d'avoir un commandant de C.A. qui ressemblât au Père Noël, dans les circonstances où nous étions, me sembla tel que je m'empressai de la raser avec une relique de lame de rasoir".

Toujours dans son ouvrage, Slim explique qu'il exposait dans sa tente la photo de son adversaire japonais. Mais voici l'explication qu'il en donne, en se moquant légèrement au passage de Montgomery qui avait lancé la mode avec la photo de Rommel :

"Lorsque j'eus affaire à Kawabé [cf. chap. 10], je pris l'habitude d'afficher une photo de lui dans mon bureau. Kawabé semblait être la caricature type d'un Japonais vu par un occidental. Tête ronde, lunettes épaisses, dents proéminentes, très longues moustaches cirées. Quand j'avais besoin de me remonter le moral, je regardais cette photo pour me prouver à moi-même que, quel que fût le plus habile général de nous deux, j'étais certainement le moins laid".

Sa lucidité envers lui-même nous surprend : il est rare de lire dans les mémoires d'un chef de guerre une phrase de ce genre :

"Lorsqu'on lit les mémoires des généraux, on a souvent l'impression que la bataille s'est déroulée exactement comme ils l'avaient prévue. Et bien ! en ce qui me concerne, et je me demande bien pourquoi, cela ne m'est jamais arrivé. Il y a toujours eu quelque chose d'inattendu auquel il m'a fallu remédier".

Il est encore plus rare, après une défaite, d'entendre un chef s'exprimer ainsi :

"A ma prise de commandement, je connaissais très peu de choses sur le T.O. et sur les Japonais. Heureusement, j'eus la chance d'avoir de très bons subordonnés que j'avais bien connus auparavant et aussi un brillant chef d'état-major [Taffy Davies] que j'avais eu également sous mes ordres en Ethiopie."

Il ne s'agit pas de fausse modestie car dans son analyse de la retraite, il se montre très critique envers sa propre action alors que la totalité des témoignages contemporains mettent à son crédit le sauvetage de la majorité de ses troupes.

"Pour ma part, je n'avais pas à être fier. Je n'avais pas été à la hauteur de mon commandement. Le seul test du bon général, c'est le succès : or, j'avais échoué dans tout ce que j'avais entrepris. Sans cesse j'avais essayé de concentrer mes moyens et chaque fois le fragile château de cartes que j'avais construit s'était écroulé... Je ne m'étais pas rendu compte que les Japonais, redoutables tant qu'on leur permet de suivre, sans les troubler, leurs projets les plus hardis, sont complètement décontenancés par l'imprévu. J'aurais donc dû subordonner tout le reste à la nécessité absolue d'une offensive qui troublât leurs plans et pour ce faire, j'aurais donc dû concentrer tout le C.A. Certes, j'aurais ainsi risqué un désastre complet mais j'aurais aussi été mieux à même de remporter un succès. Quand un général hésite entre deux modes d'action, il doit choisir le plus hardi. Je me reproche encore aujourd'hui de ne pas l'avoir fait."

Après avoir passé en revue les reproches que doit s'adresser un général battu, Slim conclut :

> "Il doit, en définitive, remettre en question jusqu'aux fondements mêmes de son commandement et de son comportement. Mais alors, il faut qu'il en reste là... Car s'il commande encore, il doit secouer ses regrets et dominer ses doutes pour reprendre confiance en lui-même... Qu'il se rappelle seulement les leçons à tirer d'une défaite. Elles sont plus nombreuses que celles d'une victoire."

Même si son livre a été écrit près de dix ans après les faits, la lucidité révélée dans ce domaine est très frappante. On sait par d'autres témoignages que les actions entreprises et menées à leur terme furent bien celles qu'il avait envisagées d'emblée, même s'il lui a fallu du temps pour en acquérir les moyens.

> "Le fait évident et sans controverse possible est que nous avions été battus à plate-couture, surpassés sur le plan du combat, de la manœuvre et en toutes choses. Il était facile de nous trouver des excuses mais les excuses cela ne sert à rien pour l'avenir ; ce qu'il faut, c'est trouver les causes et les remèdes".

Sans méconnaître les autres facteurs que nous avons déjà évoqués, comme le manque complet de soutien aérien ou la carence du système de renseignements, Slim voit très clairement la principale faiblesse qu'il place sur le plan tactique. C'est l'inaptitude des unités britanniques à combattre et à vivre dans la jungle, d'où une marche à l'aveuglette liée à des routes peu nombreuses et aux camions nécessaires à une logistique trop lourde.

Ces unités avaient été préparées pour la guerre du désert et leur motorisation complète — faut-il le rappeler ? — avait représenté un avantage décisif en Afrique, en particulier face aux unités italiennes dont l'infanterie se déplaçait en majorité à pied. Autre T.O., autres conditions de terrain, autre logistique et autres tactiques.

Pour l'instant, Slim enregistrait l'impuissance humiliante des troupes anglo-indiennes à résister à la tactique offensive japonaise, pourtant simple et aussi vieille que la guerre elle-même, c'est-à-dire le débordement, le "crochet".

En la schématisant, cette tactique consistait, lorsque les Britanniques tenaient un front, à envoyer une force mobile à base d'infanterie dans un large mouvement tournant autour de leur flanc, à travers la jungle, pour revenir sur leurs arrières et leur ligne de communications. Là, sur une route unique où devaient circuler les ravitaillements en munitions et les renforts britanniques, les Japonais établissaient un barrage routier, parfois de la valeur d'un bataillon, voire d'un régiment. Dans la nécessité de faire sauter ce barrage et en l'absence de troupes de réserve, les Britanniques devaient prélever sur le front même, les forces nécessaires à cette action. A ce moment, le gros des troupes japonaises demeurées sur le front attaquait et enfonçait le front britannique qui s'était affaibli. Cette tactique fut utilisée constamment avec succès en 1942 par les Japonais au point de provoquer un véritable complexe d'infériorité chez les Anglo-Indiens.

> "Nous voyions bien, écrit Slim, que la meilleure parade était d'utiliser la même tactique du crochet, tout en résistant frontalement et en négligeant le barrage routier ; nous le fîmes plus tard et avec le plus grand succès mais il y fallait deux conditions : que les troupes y soient entraînées et que les unités isolées puissent être ravitaillées par air".

En ce qui concerne la lucidité envers son ennemi, c'est dans ce domaine essentiel que Slim a fait preuve de la plus grande finesse pour l'appréciation de ses points forts et de ses faiblesses. Son état-major, outre des interprètes, comprenait d'ailleurs un bureau particulier, civilo-militaire, spécialement recruté pour sa connaissance des mentalités japonaises.

Le principal point-fort des Japonais, selon Slim, est l'incroyable acharnement déployé pour la victoire, dans l'offensive ou dans la défensive et dans les pires conditions de climat ou de logistique. Le soldat japonais ne s'avoue jamais vaincu et c'est à la lettre qu'il faut prendre la notion de combat jusqu'à la mort. On sent bien que Slim ne peut s'empêcher d'admirer ce trait de caractère mais qu'il est à la fois effrayé de le voir poussé à ce degré "d'inhumanité".

Quant aux points de faiblesse qu'il décèle chez l'ennemi, ils touchent trois domaines qui relèvent tous du commandement :

- le premier, déjà évoqué, est que l'imprévu jette le Japonais dans la confusion et qu'il ne se réadapte que lentement à une nouvelle situation quand ses plans sont bouleversés ;

— le second concerne la logistique et apparaît à Slim dès son arrivée en Birmanie :

> "Au début de mon séjour en Birmanie, je me renseignai de tous côtés pour tâcher de connaître la situation. Un jour je rencontrai un général chinois qui avait joué un rôle déterminant dans la seule réelle victoire importante que les Chinois avaient remportée à ce moment sur les Japonais [victoire de Chang-Sa en 1937].
>
> L'expérience vécue par ce général lui faisait croire que les Japonais, confiants dans leur supériorité, attaquaient fréquemment avec une très petite marge de sécurité logistique. Il estimait qu'une force japonaise ne disposait jamais de plus de neuf à dix jours de ravitaillement en vivres et munitions et comptait ensuite, si c'était nécessaire, sur les stocks ennemis dont elle ne manquerait pas de s'emparer. Si on pouvait la tenir en échec pendant ce laps de temps, et ensuite contre-attaquer, on avait alors une bonne chance de la détruire".

Et Slim ajoute ce commentaire caractéristique :

> "Je l'avais écouté avec intérêt ; après tout, c'était le seul général qui avait jusque là vaincu les Japonais, ne fut-ce qu'en une seule bataille. Naturellement, il y avait quelques obstacles sérieux d'ordre pratique dans l'application de sa théorie mais je pensais que les principes en étaient sains et plus tard je les mis en application".

— le troisième point de sa faiblesse que Slim pense avoir détecté chez les Japonais est d'ordre psychologique et concerne le Haut-commandement. Il s'agit d'un manque de courage moral, à distinguer bien sûr du courage physique dont les généraux japonais ne manquent pas. Ce défaut moral, c'est le refus d'admettre qu'ils ont pu commettre des erreurs de conception et que les plans sont à remanier en cours d'action.

> "Ils refusent la perte de face et plutôt que de reconnaître leur erreur, ils transmettent le fardeau à leurs subordonnés en sachant pourtant que leur tâche est impossible compte tenu des moyens accordés."

Il est intéressant de remarquer que le reproche adressé au commandement japonais est exactement l'inverse de la qualité que nous avons reconnue à Slim : la lucidité sans complaisance envers lui-même, la reconnaissance objective de ses propres fautes.

B. LES MESURES PRISES PAR SLIM

Son analyse faite et enrichie progressivement des leçons des combats de 1942-1943, Slim conclut d'abord et très tôt, qu'il faut repartir de zéro dans l'entraînement tactique des troupes.

1.— *Lieutenant-général W.J. SLIM (Imperial War Museum).*

2.— *Lieutenant-général J.W. STILWELL (Imperial War Museum).*

3.— *Général Claire L. CHENNAULT (Imperial War Museum).*

4.— *Major-Général O.C. WINGATE (Imperial War Museum).*

5.— *Amiral Louis MOUNTBATTEN (Imperial War Museum).*

6.— *Lieutenant-général KAWABE (Imperial War Museum).*

7.— *Réunion d'état major à la 15e Armée japonaise avec les représentants de la 33e Armée (début 1944). Assis au premier rang de gauche à droite : Généraux YANAGIDA (33° D.I.), TANAKA (18° D.I.), MUTAGUCHI (15e Armée), MATSUYAMA (56° D.I.) et SATO (31° D.I.). (Imperial War Museum).*

8.— *Subâsh Chandra BOSE avec son uniforme de Commandant en chef de l'Armée Nationale indienne (I.N.A.) (Imperial War Museum)*

9.— *Aung San, leader nationaliste birman, Commandant de l'Armée Nationale birmane et finalement rallié aux Britanniques (Imperial War Museum)*

10.—*Soldat du 11° R.I. Sikh qui a gagné la Victoria Cross en Arakan (mars 1944) (Imperial War Museum).*

11.—*Soldat du 1° R.I. du Punjab qui a gagné la Victoria Cross près de Tiddim (oct. 1944) (Imperial War Museum).*

12.—*Soldat gurkha qui a gagné la Victoria Cross pendant le 1er raid de Wingate (mai 1943) (Imperial War Museum).*

13.— *KOHIMA. Vue depuis le Nord. Au fond l'éperon d'Aradura. Le long de la route se trouvent successivement au premier plan, la villa du district et le court de tennis, au second plan la colline de la prison (voir croquis n° 15) (Imperial War Museum).*

14.— *Chars LEE GRANT (canon de 75 m/m en casemate) (Imperial War Museum).*

15.— *Le HUMP. Un C-46 survolant l'Himalaya (Imperial War Museum).*

Ses directives de 1942 en témoignent déjà qui fixent nettement le but à atteindre et aussi l'inlassable activité qu'il déploya pour s'assurer qu'il avait été bien compris.

On peut les résumer en six points :

1. S'habituer à vivre et à se déplacer à l'aise dans la jungle.
2. La clé du succès est la patrouille pour toutes les unités, même administratives ; il n'y a pas de non-combattant dans la jungle.
3. Pas d'offensive frontale mais sans cesse des "crochets".
4. Toutes les unités doivent s'habituer à avoir des détachements japonais sur leurs arrières et dans ce cas à considérer que ce sont ces derniers qui sont encerclés.
5. Toute unité isolée doit avoir la certitude qu'elle sera ravitaillée par air et que sa résistance est utile à l'ensemble des forces britanniques.
6. Créer de nombreux dépôts logistiques polyvalents de petite taille pour éviter que la prise par les Japonais d'un seul grand dépôt spécialisé ne prive complètement les forces britanniques d'une catégorie de ravitaillement.

Dans le domaine de la santé et du moral, son action fut aussi très vigoureusement réaliste. Il fit établir des camps de repos accueillants mais à proximité immédiate des grandes unités pour éviter les évacuations à grande distance où, dit-il,

> "se dissout toute fierté d'appartenir à des unités de combat."

Pour lutter contre la paludisme dont souffrit la quasi totalité des combattants pendant et après la retraite, il exigea du commandement, une surveillance étroite de la prise de nouveaux médicaments préventifs comme la mépacrine. Il n'hésita pas, dans certains cas extrêmes, à relever de leur commandement des colonels ou des chefs de bataillon dont le nombre de malades dépassait un certain pourcentage. Cette mesure eut des résultats étrangement efficaces pour qui ignore que la prise de ces médicaments peut être assimilée à une discipline de combat.

Pour le moral et surtout pour lutter contre le redoutable complexe du "surhomme japonais", il multiplia les tournées de "popotes" où étaient présentés et commentés les films montrant les premiers succès alliés contre les Japonais. Le premier raid de Wingate eut également un grand retentissement dans ce domaine. Il fit également participer le maximum de jeunes recrues en cours d'instruction à des patrouilles réelles de première ligne mais assez faciles et bien encadrées par des vétérans.

"Les succès acquis ou les enjolivements dus aux racontars des participants, se répandaient comme des traînées de poudre et donnaient confiance à tous".

En bon chef de guerre, Slim, considérait comme essentiels les deux domaines du renseignement et de la logistique.

Dans le premier, même déjà pendant la retraite, il se préoccupa de former des équipes clandestines dites forces V, laissées en Birmanie occupée et dont le rôle était le recueil et la transmission plus ou moins rapide du renseignement. A travers tout l'Empire et jusqu'en métropole, les rares pratiquants des langues locales et japonaise furent recherchés et affectés, non sans difficultés à ses états-majors.

Slim comprit la difficulté et l'importance de la logistique sur ce T.O. et la confia à son meilleur général adjoint. En dehors de son insistance à faire améliorer d'urgence l'infrastructure routière, de Dimapur à Silchar et vers Imphal, Tamu et Tiddim, il fit pratiquer des expérimentations en vue d'alléger la logistique de combat. En 1945, les 17e et 5e D.I. indiennes finirent par n'avoir plus que deux brigades, l'une sur la base de déplacements opérationnels à pied avec mulets et l'autre sur une base aéroportée avec matériels et personnels correspondants. Seules les bases arrières étaient motorisées et possédaient une réserve de camions de transport, voire de blindés, si la situation tactique imposait rapidement un transport en situation de sûreté.

Les rations individuelles journalières elles-mêmes furent normalisées, parfois à des taux de survie et adaptées au goût des nombreuses ethnies qui constituaient l'armée des Indes, les grandes unités birmanes et africaines. Certains anciens d'Indochine se souviennent encore avec une certaine horreur des rations gurkhas dont l'Intendance française avait racheté les surplus.

Slim eut aussi sa part dans l'attention qui fut portée au transport aérien et à sa minutieuse préparation. Il faut à nouveau insister sur l'effort gigantesque réalisé dans ce domaine notamment par les Américaine et qui resta néanmoins toujours insuffisant et à la limite de la situation de crise.

En tout cas, les résultats furent spectaculaires puisque de février à août 1944, pendant la bataille d'usure de Kohima - Imphal, cet effort poursuivi en saison des pluies, permit le transport de sept divisions, soit du Yunnan à Lédo ou à Myitkyina, soit de l'Arakan ou des Indes à Imphal, soit au profit des Chindits.

60 000 civils furent en outre évacués par air pendant le siège d'Imphal pour réduire les bouches inutiles, et 30 000 blessés pour l'ensemble de la 14e Armée. Pendant cette période, l'effec-

tif journalier ravitaillé par air, en vivres et munitions ne fut jamais inférieur à 120 000 hommes.

Toujours avec humour, Slim s'exprime sur ce point :

> "Le problème du transport aérien doit être approché en considérant que l'avion est un véhicule comme un autre, camion, train ou bateau, pour transporter hommes et matériels. Un bon test en vérité pour juger si quelqu'un est apte à utiliser les moyens de transport aériens, ce n'est sûrement pas qu'il sache piloter, mais qu'il regarde l'avion comme un véhicule... S'il le regarde comme quelque chose d'autre, une arme, un sport ou un sac à malices, il pourra certes devenir Air-marshall, mais il n'est pas apte à utiliser les moyens de transport aériens".

C.

LES PREMIERS SUCCES
(octobre 1943-juin 1944)

CHAPITRE 8

Les plans

Les événements de Birmanie doivent être examinés à la lumière de ce qui se passe dans le Pacifique. A partir de la victoire aéronavale décisive de Midway, en mai 1942 et la conquête progressive de la maîtrise des mers, la stratégie américaine n'est plus remise en cause. Elle gagne rapidement en efficacité après un départ difficile à Guadalcanal d'août à décembre 1942. Elle consiste à effectuer un premier bond, de la portée utile à un appui aérien massif, permettant la conquête et l'aménagement des quelques bases insulaires nécessaires au bond suivant, en laissant "pourrir" sur place les nombreuses garnisons japonaises dispersées. Sans possibilités d'action, celles-ci deviennent inoffensives.

Au prix de pertes parfois très sérieuses ponctuellement, en raison de l'acharnement japonais, cette méthode simple et inexorable fait gagner beaucoup de temps et est peu coûteuse au total en vie humaines. Depuis l'Australie, la Nouvelle Guinée et la Nouvelle Calédonie, elle est appliquée, en gros, sur deux directions : vers le nord-ouest (Philippines puis Chine) sous le commandement de MacArthur et vers le nord (le Japon) aux ordres de l'amiral Nimitz (v. croquis n° 2).

En outre, l'efficacité des sous-marins alliés contre la navigation commerciale japonaise commence à étrangler progressivement l'exploitation de la sphère de "co-prospérité" et donc l'industrie japonaise.

LES PLANS ALLIÉS

En raison de l'isolement de la Chine, le théâtre d'opérations de Birmanie restait incontournable. Il importait d'y coordonner les opérations et ce fut en septembre 1943, à la conférence de Québec, l'importante décision de créer à Delhi un commandement interarmées et interallié, le SEAC, sous les ordres de l'amiral britannique Mountbatten, avec l'américain Stilwell comme adjoint. Ce dernier conservait ses autres fonctions en Chine.

Les plans prévus pour la campagne 1943-1944 ne furent guère distincts de ceux de l'année précédente, à la différence essentielle qu'étant mieux adaptés à des moyens accrus, ils furent suivis cette fois, sans être réduits à des démonstrations symboliques.

Sur le front nord-est, l'effort principal devait être fourni par les Chinois de Stilwell (six D.I. de la force *X* à partir de Lédo et seize D.I. de la force *Y* à partir du Yunnan) avec mission de converger sur Myitkyina-Mogaung — nom de code Albacore. Le but de l'offensive était d'ouvrir la bretelle de l'ancienne route de Birmanie par Lédo et Bhamo (croquis n° 9 et 12). Il était prévu que cette action démarrerait la première, dès novembre 1943.

A partir de mars-avril 1944, cette offensive chinoise serait puissamment aidée par les forces de Wingate portées à 7 brigades, dont six transportées par air sur les arrières japonais (Indaw-Katha) et une venant à pied depuis Lédo (croquis n° 12, page 100).

Sur le front central et l'Arakan, les forces anglo-indiennes, malgré leur montée en puissance — la 14e armée finit par compter trois C.A., soit douze D.I. et 2 BB — n'étaient prévues que pour des efforts secondaires. L'objectif était d'attirer les renforts japonais, en Arakan pour saisir Akyab et sur le front central pour border au moins la Chindwin et peut-être plus.

Mais ces prévisions furent à peu près totalement renversées par les réactions de l'ennemi, comme il arrive souvent à la guerre.

L'avance des Chinois fut plus longue que prévue en raison d'une très brillante action retardatrice de la 18e D.I. japonaise du général Tanaka. En revanche, après un match nul prometteur en Arakan, en février 1944, le front central britannique devint le plus important en raison d'une forte attaque japonaise de mars à juin qui menaça sérieusement toute la ligne de ravitaillement alliée, britannique vers Imphal et chinoise vers Lédo.

LES PLANS JAPONAIS

De leur côté, les Japonais avaient profondément remanié leurs plans. Bien entendu, les efforts défensifs principaux portaient sur le Pacifique, mais la Birmanie conservait, comme pour les Alliés, son importance stratégique du maintien de l'isolement de la Chine. La zone d'armée de Birmanie (ZAB), favorisée par le terrain et sa position centrale, devait donc, sous les ordres du général Kawabé, conserver une attitude défensive aux moindres frais. La ZAB dépendait de l'armée du Sud (maréchal Térauchi) qui, de Singapour, puis de Manille, commandait toutes les forces japonaises extérieures, à l'exception de celles basées en Chine (cf. tableau p. 97).

Des renforts substantiels, à base de jeunes recrues, ainsi que 200 chars, lui avaient été fournis, mais Kawabé savait qu'il n'y en aurait pas d'autres. Au total, 320 000 hommes dont 15 000 aviateurs de la 5e division aérienne. En dehors d'une réserve générale de 40 000 h. et des troupes logistiques, trois armées terrestres avaient été formées :

— la 33e à 3 D.I., face aux forces de Stilwell, 60 000 h. (général Honda),
— la 28e à 3 D.I., en Arakan et autour de Rangoon, 50 000 h. (général Sakurai),
— la 15e sur la Chindwin, de Kalewa à Homalin, environ 100 000 h. (général Mutaguchi).

Comment expliquer qu'avec des consignes défensives, la 15e armée ait reçu l'accord de ses chefs pour se lancer dans une offensive forcenée, l'opération U-GO, en direction des Indes, au point d'y perdre 60 000 hommes ?

C'était aller au delà même des espoirs de Slim qui cherchait en vain comment user suffisamment son adversaire avant de pénétrer en Birmanie centrale.

Après coup, il est facile de souligner la gravité de l'erreur commise, mais les facteurs favorables à une attaque limitée ne manquaient pas et ils furent soigneusement pesés au cours de plusieurs "kriegspiels", exercices de cadres, à la fin de 1943.

La décision finale remonta jusqu'au premier ministre Tojo qui, le 7 janvier 1944 autorisa "pour la défense de la Birmanie... à aménager une zone stratégique dans la région d'Imphal".

Les historiens japonais et britanniques, en particulier Louis Allen, sont à peu près d'accord pour rejeter l'essentiel de la faute sur la personnalité, à tendance paranoïaque, et aussi à la force de conviction vis-à-vis de ses chefs, du général Mutaguchi. Celui-ci, comme capitaine, avait joué un rôle important dans l'incident qui avait provoqué la guerre sino-japonaise en 1937. A la tête de la 18e DI, il avait ensuite fait capituler Singapour. Depuis, il se croyait appelé à un destin exceptionnel et, pour gagner la guerre, à conduire une troisième action d'éclat : l'invasion des Indes avec l'aide des nationalistes indiens de Chandra Bose. Ce dernier, surnommé par Gandhi lui-même "le patriote des patriotes", était originaire de la province d'Orissa, au sud du Bengale, il avait adhéré au parti du Congrès dès 1921. Partisan des méthodes violentes, il s'était séparé assez vite de Gandhi. Emprisonné à plusieurs reprises, il s'évada en 1940 et après un extraordinaire périple par l'Afghanistan et l'URSS, parvint à gagner l'Allemagne avant juin 1941 où il fut très bien accueilli par Hitler.

Après l'échec de Stalingrad, les Allemands l'emmenèrent en sous-marin jusqu'à Singapour d'où il gagna Tokyo.

Les Japonais l'installèrent à Rangoon où il proclama en octobre 1943, la constitution d'un gouvernement de l'"Inde libre". Il recruta des soldats parmi les prisonniers de guerre détenus par les Japonais, et constitua avec eux trois divisions qui vont participer, d'ailleurs fort bien, à l'opération U-GO.

Chandrah Bose se faisait fort de soulever rapidement le reste du sous-continent indien.

L'opération U-GO n'avait au départ que l'objectif d'occuper les parties hautes de la frontière pour une défense plus économique : de nombreuses reconnaissances avaient eu lieu dans ce but. Le premier raid de Wingate, de l'avis des historiens britanniques, avait beaucoup impressionné les Japonais, dont bien sûr, Mutaguchi, et les avaient convaincus que des forces importantes pouvaient franchir ces hauteurs, ce qu'ils n'estimaient pas possible auparavant, pour des raisons de soutien logistique.

Atteindre sans difficulté la vallée du Brahmapoutre et la ligne de communications alliée représentait évidemment, même sous l'angle défensif, un objectif beaucoup plus payant, beaucoup plus tentant que d'occuper une ligne et d'attendre l'initiative ennemie. Il suffit de regarder la carte (n° 1).

Mutaguchi plaida son affaire avec passion malgré de nombreuses réticences de l'état-major de Kawabé dont le logisticien (Commandant Jiwara) et l'un des acteurs des reconnaissances effectuées. Quoiqu'il en soit Kawabé transmit le projet en l'appuyant. Malentendu, conviction, erreur d'appréciation ? En tout cas, à leur tour les Japonais sous-estimaient leurs adversaires.

O.D.B. sommaire et hiérarchie des forces japonaises pendant la bataille d'Imphal-Kohima

QG Impérial (Tojo) Tokyo

↓

QG de l'Armée du Sud (Maréchal Térauchi) Singapour

↓

Zone d'armée de Birmanie (Kawabé) Rangoon

↓

28° Armée (Arakan) Sakurai	15° Armée (N.W.) Mutaguchi	33° Armée (N.E.) Honda	5° Don aérienne Tazoé
↓ **55° D.I.** Hanaya - 55° état-maj. Inf. Sakurai Totukaro - 112° R.I. Tanahashi puis Furuya - 143° R.I. Yamamoto puis Yoshida **54° D.I.** Katamura - 111° R.I. Koba - 121° R.I. Nagazawa - 154° R.I. Yamamura **2° D.I.** Okazaki - 4° R.I. Ichikari - 16° R.I. Sakai - 29° R.I. Miyaké ultérieurement 72° Bd. mixte Yamamoto	↓ **15° D.I.** Yamauchi puis Shibata - 51° R.I. Omoto - 60° R.I. Matsumura - 67° R.I. Yanagizawa **31° D.I.** venant de Thaïlande Sato puis Kawada - 31° état. maj.d'Inf. Miyazaki - 58° R.I. Fukunaga - 124° R.I. Miyamoto puis Hirunuma - 138° RI Torikai **33° D.I.** Yanagida puis Tanaka - 33° état maj. d'Inf. Yamamoto - 213° R.I. Miyawaki puis Nukui - 214° R.I. Sakuma - 215° R.I. Sasahara puis Tsukada	↓ **18° D.I.** Tanaka - 55° R.I. Yamazaki - 56° R.I. Nagahisa - 114° R.I. Maruyama **53° D.I.** Takeda - 119° R.I. Asano - 128° R.I. Okada - 151 R.I. Hashimoto **56° D.I.** Matsuyama - 113° R.I. Matsui - 146° R.I. Imaoka - 148° R.I. Kurashigé ultérieurement 24° Bde mixte Hayashi	

CHAPITRE 9

Les opérations secondaires

1. LE FRONT DU NORD-EST

Sur cette partie du T.O. (Northern combat area command, NCAC) (croquis n° 12), les Chinois, partis les premiers au début de novembre[1] 1943, furent retardés par la 18e D.I. de Tanaka qui y perdit 70 % de ses effectifs. Ils parvinrent à prendre l'aérodrome de Myitkyina, le 17 mai 1944 mais la ville résista jusqu'en juillet.

C'était cependant le premier grand succès des Alliés en Birmanie et Stilwell exultait. En fait, la prise de Myitkyina qui eut un retentissement mondial, est à mettre en grande partie au crédit de la force Galahad (les Merril's Marauders).

Accompagnée de plusieurs R.I. chinois, elle exécuta une marche forcée exténuante, surprenant les Japonais. Les renforts purent utiliser rapidement l'aérodrome. Dès juillet le HUMP s'en servait disposant ainsi d'un parcours moins montagneux. Il fallut attendre janvier 1945 pour que la route Stillwell fut ouverte aux camions et aux oléoducs.

Mais en conflit total avec Tchang Kai-Chek, Stilwell avait été rappelé aux USA et remplace par les généraux Sultan et Wedemeyer, dès octobre 1944. Par son obstination, son courage et sa persuasion, il avait réussi à former quelques grandes unités chinoises de bonne valeur. Il avait aussi démontré la supériorité de sa thèse, aéroterrestre, sur celle de Chennault, purement aérienne, qui fut contraint de replier ses aérodromes du sud de la Chine à la fin de 1944, lors de la grande offensive japonaise Ichi-Go.

---

1. La force *Y* commença ses opérations le 11 mai 1944, sous menace d'une suspension des livraisons de la loi Prêt-bail.

Croquis n° 12

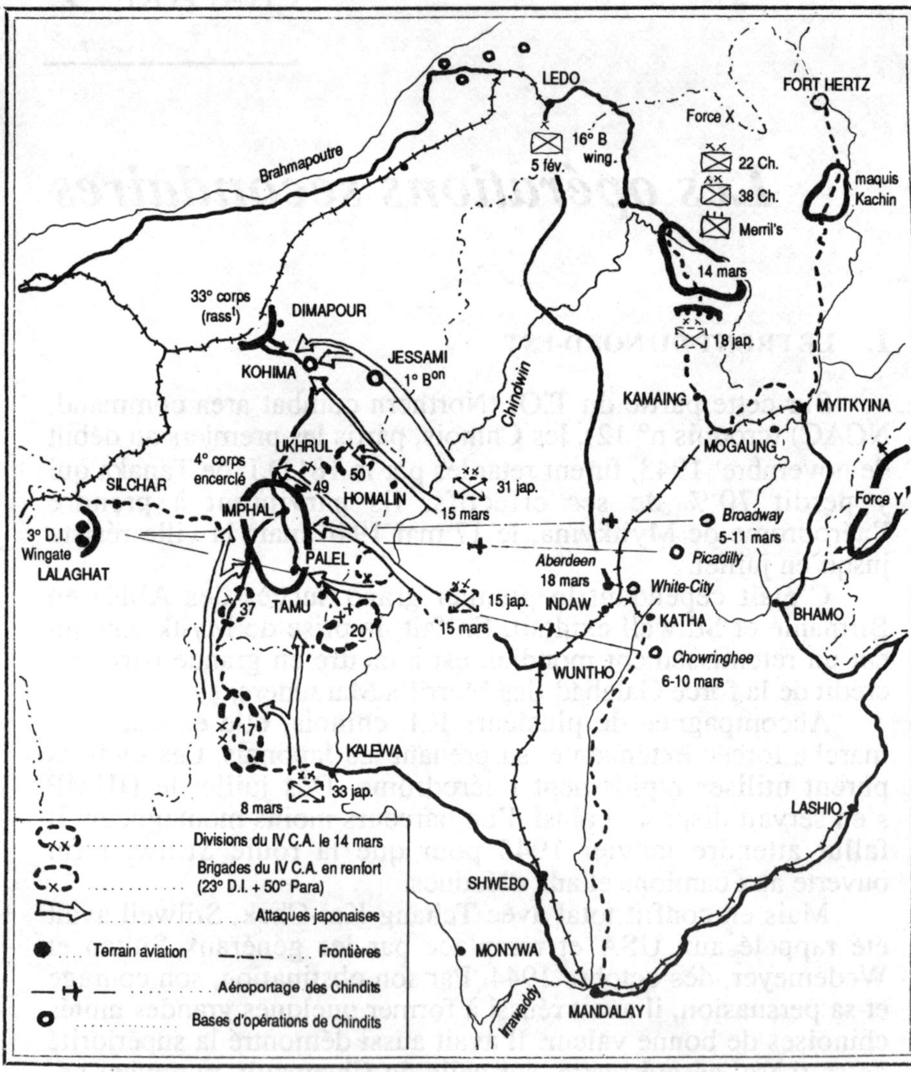

Début offensive chinoise
2e raid Wingate et offensive japonaise à IMPHAL-KOHIMA (U.Go)
mars-avril 1944

La fin du séjour de Stilwell fut assombrie par ses exigences envers les Chindits — commandés par Lentaigne — et ses propres Marauders dont il usa, jusqu'à épuisement complet des hommes, dont près de 80 % furent hospitalisés. Notons aussi que le NCAC fut aidé par des maquis Kachins et qu'une division indienne participa de bout en bout à l'opération, facilitant la liaison avec le front central.

La bonne entente de Stilwell avec Slim ne se démentit jamais. Aux pires heures de la menace sur Dimapur, à la fin d'avril 1944, Stilwell proposa une aide concrète : il faut dire que son propre ravitaillement était aussi menacé que celui des Britanniques.

2. LES OPÉRATIONS DES CHINDITS

Grâce à Churchill et à l'état-major combiné interallié de Washington, Wingate, nous l'avons évoqué, avait vu ses forces multipliées par sept et trouvé l'aviateur qu'il lui fallait en la personne du colonel américain Cochrane. Celui-ci mit au point une aviation bien particulière, réservée aux Chindits et surnommée aviation-commando. Cochrane est encore une personnalité qui sort de l'ordinaire. Il avait fait ses preuves en Afrique du Nord, en constituant, sans avoir reçu aucun ordre, une escadrille de débutants, surnommée Joker, qui disparut un jour de Casablanca, toujours sans aucun ordre, pour rejoindre le front tunisien vers Kasserine.

Il s'adjoignit quelques pilotes français confirmés et mena son propre combat de "guérilla aérienne" suivant son expression, avec beaucoup de succès. Quant l'état-major le "retrouva" il avait déjà 61 missions de guerre à son actif et reçu de nombreuses décorations dont la croix de guerre française avec plusieurs palmes.

C'est le général Arnold lui-même, chef d'état major de l'aviation américaine qui le choisit pour l'adjoindre à Wingate. Ce fut une entente immédiate entre les deux hommes dont même les Britanniques se félicitèrent. Il fit son affaire d'une instruction particulière, tant en renseignement qu'en appui-feu, en combat aérien, en transport et évacuation des blessés, sur des terrains sommairement aménagés.

Le transport à pied d'œuvre des brigades de Chindits se fit en plusieurs temps (v. croquis n° 12) avec des planeurs tractés par DC 3 pour les charges lourdes (bull dozers) et les personnels et moyens d'entretien.

En dehors d'un puissant appui aérien classique, Wingate disposait ainsi de sa propre aviation, la valeur de 12 escadrilles.

Malgré leur nom de code de 3e D.I. indienne, les nouveaux Chindits comptaient assez peu d'Indiens sauf trois bataillons de Gurkhas. Outre une brigade entièrement nigérienne, les troupes étaient soit entièrement britanniques soit mixtes, anglo-gurkhas. Les généraux des brigades avaient pour la plupart participé au premier raid. En raison du manque de moyens aériens, une brigade parcourut à pied la distance de Lédo à Indaw (400 km) en 47 jours en passant sur les arrières de l'armée de Mutaguchi qui se préparait pour U. GO. (croquis n° 12).

La tactique des Chindits avait été mise au point. Il s'agissait toujours d'opérer sur les arrières japonais, mais à partir d'une base organisée autour d'un aérodrome aménagé de toutes pièces en deux à trois jours. Ces bases étaient suffisamment "fortifiées" pour résister à des assauts improvisés. La durée d'occupation devait être brève, un mois au maximum afin d'éviter les attaques soigneusement montées de forces ennemies importantes. Une partie des effectifs, un quart environ, servait de garnison pendant que les autres étaient en opérations, parfois assez loin de la base.

L'ensemble pouvait être "démonté" en 36 heures.

Les deux premières "bases fortifiées d'opérations" furent établies du 5 au 10 mars, juste au départ de l'opération U. GO. En 22 jours, plus de 10 000 h., mille mulets et un tonnage considérable de matériaux, de mortiers lourds, de munitions furent aéroportés ou largués, prêts à frapper les voies de communications nécessaires aux Japonais pour leur défense contre Stilwell.

De telles opérations exigent un potentiel aérien considérable, une préparation et une organisation minutieuse, des chefs et des hommes de terrain très bien entraînés. Il y faut aussi une grande supériorité aérienne et, selon Wingate, une population au moins neutre sinon favorable. Ce fut en l'occurence une réussite malgré des problèmes dus à la traction de deux planeurs par le même DC 3 dans un pays montagneux.

Certains épisodes furent très brillants, comme la tentative de la prise de la ville d'Indaw ou la résistance victorieuse de la base de White-City sur un très petit périmètre.

Malheureusement, Wingate mourut dès le 24 mars d'un accident aérien au cours d'une liaison sur Imphal. Son successeur, Lentaigne, bien qu'il eût accompli le premier raid, n'avait sans doute pas la même "aura" ni la même conviction envers ses supérieurs. Les Chindits, faute d'un emploi correspondant à leur nature même, ne semblent pas avoir eu le rendement espéré. Leur engagement devait être bref, de l'ordre de 3 mois selon Wingate lui-même, avant que la dureté du climat ne les rende moins performants. Stilwell est en partie responsable de ce mauvais emploi. Les pertes furent lourdes : 3 600 morts blessés ou disparus.

Il reste que les Chindits pesèrent d'un grand poids dans le succès du NCAC, qu'ils forcèrent les Japonais à prélever sur leur réserve générale et que selon certaines sources japonaises, ils jouèrent aussi un rôle indirect dans l'échec d'U.GO par la destruction de stocks de vivres et de munitions opérée par les chasseurs de Cochrane. Une brigade de Chindits, détournée de son objectif, joua d'ailleurs un rôle direct dans la levée du siège de Kohima. Certains historiens japonais vont jusqu'à soutenir que ce sont les Chindits qui firent pencher la balance, chaque armée japonaise ayant dû prélever un régiment pour faire face à cette menace au moment le plus inopportun.

Cet emploi de troupes aéroportées à longue distance fit école et resta un modèle, sans que les conditions de base nécessaires à leur mise en œuvre fussent toujours réunies...

3. LE PREMIER ÉCHEC JAPONAIS EN ARAKAN. FÉVRIER 1944 (croquis n° 13)

Ce fut en quelque sorte la répétition générale de la bataille décisive qui se livra un mois plus tard à Imphal. Le front de l'Arakan était considéré comme secondaire par les Japonais mais ils voulurent y attirer des réserves britanniques juste avant le début d'U-GO. L'idée de manœuvre était de laisser pénétrer les Britanniques jusqu'à la route des tunnels Maungdaw-Buthidaung puis de les contre-attaquer brutalement pour les anéantir avec l'espoir d'exploiter vers Chittagong (plan HA-GO).

Du côté britannique, Akyab et ses aérodromes constituaient toujours l'objectif ainsi que l'immobilisation des réserves japonaises qui auraient pu intervenir au centre ou contre Stilwell.

Dès la fin de 1943, le 15e C.A. de Christisson, les solides 5e et 7e D.I. indiennes en tête, la 81e nigérienne sur le flanc est et la 26e ind. en réserve, se rapprochèrent de la route, ce qui convenait fort bien aux Japonais. C'est le groupement d'infanterie du major-général Sakurai Totukaro surnommé Tokuta, vétéran fonceur et pittoresque de la guerre de Chine, qui fut désigné pour porter le coup décisif (croquis n° 13).

Il s'agissait, par une large infiltration à travers le dispositif de la 7e D.I. indienne, de l'encercler et de la détruire. Toujours le crochet, cette fois à grande échelle. Le coup fut porté dans la nuit du 4 au 5 février avec tant de vigueur qu'il faillit bien réussir. Tokuta eut la chance, qu'il avait espérée, de surprendre au petit jour le P.C. du général Messervy, entouré d'un brouillard épais qui se dissipa rapidement.

Mais suivant les consignes reçues, Messervy et son P.C., composé surtout de transmetteurs et d'administratifs, purent pour

Croquis n° 13

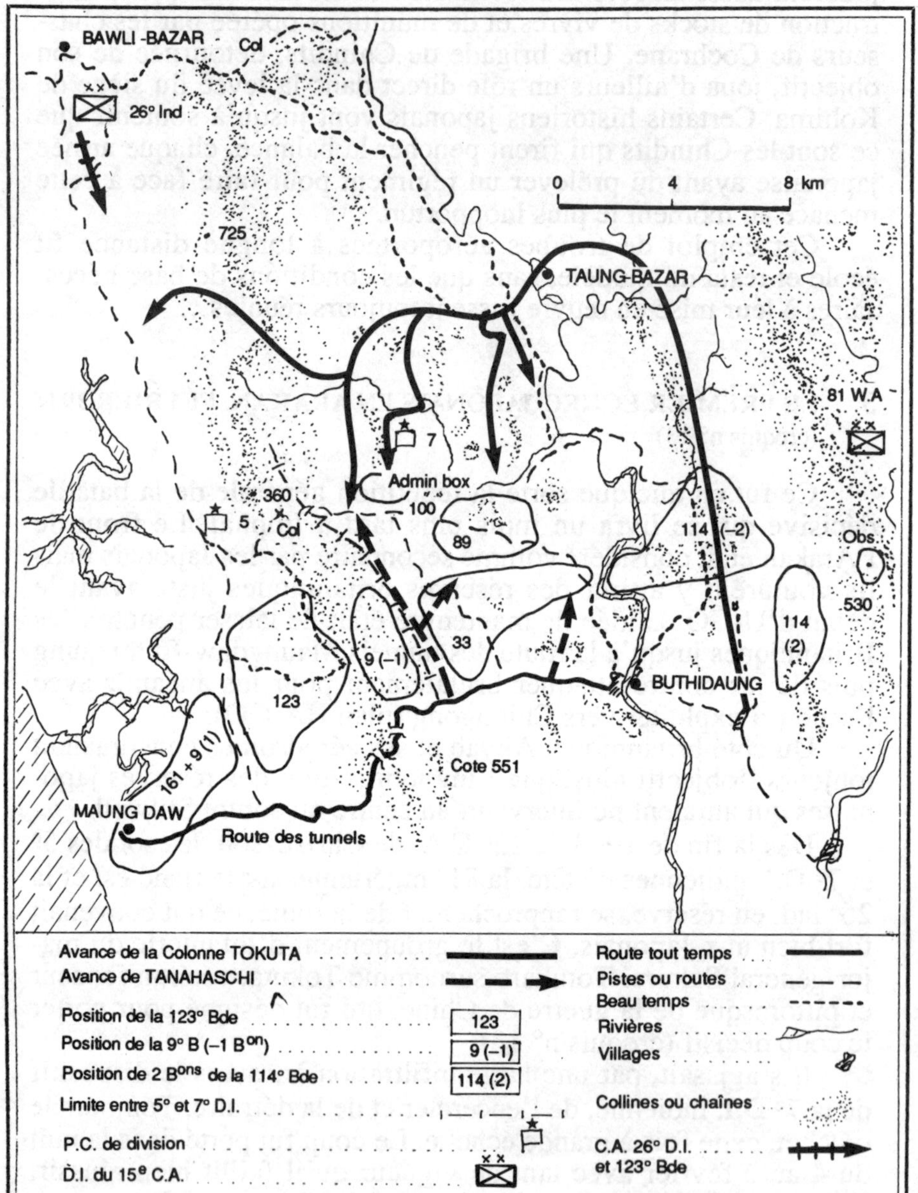

Coup nul en Arakan. Opération HA-GO
(février 1944)

la plupart rejoindre la petite clairière de Sinzweya, environ 1 km^2, connue depuis sous le nom d'Admin-Box. C'était un dépôt polyvalent avec zône de largage, établi suivant la méthode de Slim. Messervy décida d'y organiser la résistance avec ses administratifs, deux compagnies du génie, le P.C. et une trentaine de chars du 25e Dragons, tout en demandant un appui feu et logistique. Il ne rétablit que peu à peu ses liaisons internes avec sa division et plus tard avec le 15° C.A.

Bien entendu, cette campagne d'Arakan ne fut pas gagnée sur les cent hectares d'Admin-Box mais elle aurait pu y être perdue. Ce sont les chars, l'aviation et l'artillerie où la supériorité britannique était considérable qui assurèrent l'échec des Japonais. Par exemple, les quelque cent chasseurs que les Japonais purent mettre en ligne, furent balayés en quelques jours par trois escadrons de Spitfires.

Dès le 8 février, Slim, s'étant assuré que ses réserves de "parajutes" étaient suffisantes, mit en œuvre les opérations de largage. La clairière, bordée d'une piste desservant l'ensemble du secteur joua donc un rôle essentiel, car *tout arriva par air* depuis les brosses à dent jusqu'aux tonnes de munitions et le carburant pour les chars. Même Messervy, qui avait perdu sa casquette dans la précipitation du repli, put en recevoir une à sa taille. Le dépôt contenait aussi un hôpital de campagne une compagnie muletière et un magasin d'habillement.

En revanche les Japonais qui avaient traversé le dispositif anglo-indien manquèrent bientôt de munitions. La réussite du plan HA-GO était étroitement liée à une victoire rapide. Or le temps pressait car la 7e D.I. était loin d'être hors de cause ; la 5e restait intacte, quoique coupée elle aussi de Bawli-Bazar par une pointe japonaise.

Venus du nord, des renforts commençaient à rompre l'encerclement. Pourtant les Japonais continuaient à porter attaque sur attaque contre l'Admin-Box, révèlant ainsi leur inaptitude à changer de plan. Cela finit par leur coûter très cher ; ils s'obstinaient à se servir des mêmes itinéraires et des mêmes points de concentration pour leurs attaques, même après que le détail en eut été révélé aux Britanniques par des documents trouvés sur des combattants japonais morts ou blessés.

L'artillerie britannique et celle des chars Lee-Grant s'avérèrent très efficaces contre les attaques de compagnies, voire de bataillons. Une petite colline surplombant le "box" fut occupée par les Japonais. Elle fut reprise après une sérieuse préparation d'artillerie, par l'infanterie indienne composée de recrues : bons résultats de l'entraînement interarmes fait aux Indes. On était loin du pont du Sittang et des autres désastres de 1942.

Le 11 février, Tokuta et Tanahashi avaient déjà perdu plus du quart de leur effectif. Les attaques s'espacèrent. Le 22 février, les compagnies n'avaient plus que quarante hommes valides. Tanahashi finit par évacuer ses positions pour regagner le sud et son point de départ. Tokuta, d'abord furieux, s'inclina devant l'inévitable et procéda à l'exécution du repli de la totalité de son groupement. Plus tard, il incriminera le manque de liaison, de renseignements, d'artillerie et surtout de ravitaillement ainsi que le manque de couverture aérienne et la durée trop longue de l'opération. C'était rendre hommage à son adversaire dont la nouvelle tactique avait réussi. Les Britanniques ne s'y trompèrent pas qui, d'Evans à Slim et à Mountbatten, ont fait d'Admin-box le tournant de *leur guerre* contre le Japon. Il leur restait encore beaucoup à faire, car leur supériorité avait été de l'ordre de trois contre un, mais ils étaient sur la bonne voie. L'ennemi avait perdu 5 000 tués et les pertes des Anglo-Indiens étaient de l'ordre de 8 000, y compris blessés et malades évacués.

Pourtant, dès le 13 mars, l'opération au delà de la route des tunnels fut suspendue, au grand désespoir de la 81e division africaine. Slim avait besoin des divisions indiennes pour parer à la menace imminente de U-GO. Il les fit revenir rapidement par voie aérienne à Dimapur pour le combat décisif.

CHAPITRE 10

Un grand succès défensif à Imphal-Kohima

Le cours de la Chindwin était un no man's land pour les deux adversaires, avec de fortes opérations de patrouilles souvent assez profondes. L'organisation américaine SOS et le génie anglais travaillaient fièvreusement à aménager la logistique aux Indes et des routes "tout temps" vers les futurs théâtres d'opérations. Celle de Dimapur dépassait déjà Imphal, d'où partaient deux branches encore en travaux, l'une plein sud vers Tiddim ; l'autre plus à l'est atteignait presque Tamu et l'entrée de la vallée de la Kabaw (v. croquis n° 9 ou 10). La voie ferrée du Brahmapoutre menait à un groupe d'aérodromes : Agartala et Lallagat, affectés à Wingate. Une autre route en travaux, dite de Silchar, permettait aussi d'atteindre Imphal grâce à un pont suspendu.

La région est montagneuse : 1 300 mètres à Nungshigum, 2 000 m. à Ukhrul, plus encore vers Kohima et les monts Nagas. Toutefois, autour d'Imphal existe une dépression ovale assez plate, drainée par la rivière Manipur, d'une cinquantaine de km de longueur sur une vingtaine de largeur où six aérodromes avaient été aménagés (v. croquis n° 14).

Slim, dont le système de renseignements fonctionnait désormais parfaitement, suivait de près les progrès de la préparation de U-GO. Il avait décidé de quitter la Chindwin le plus tard possible pour user l'adversaire sur un terrain connu, dès le début de son offensive. Il disposait pour ce faire, du 4° C.A. tout entier, avec deux D.I. de première ligne : la 17e de Cowan et la 20e de Gracey, et en réserve, la 23e DI (1re, 37e, 49e brigades) et la 50e brigade parachutiste indienne (v. croquis n° 12).

Croquis n° 14

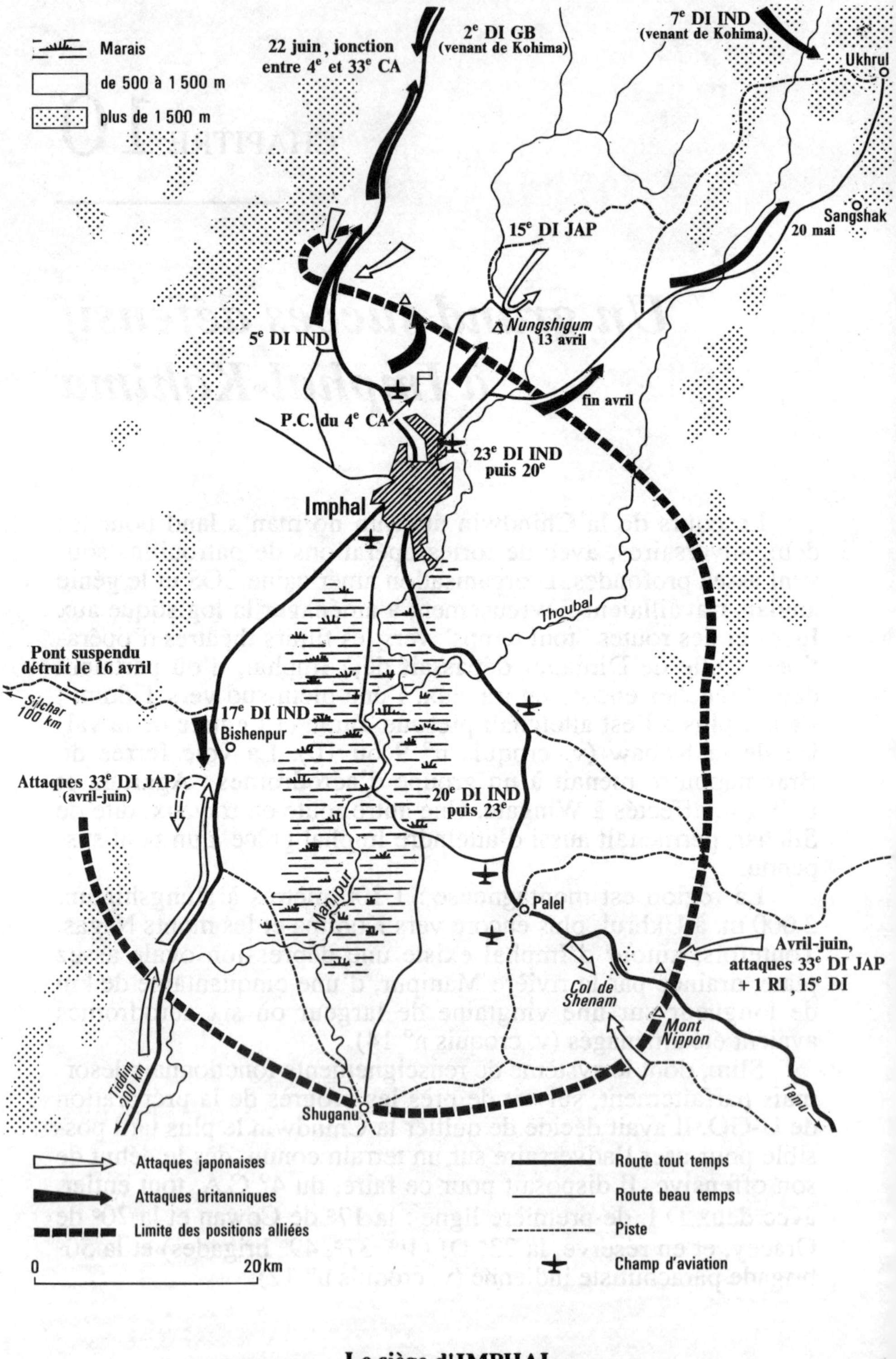

Le siège d'IMPHAL

Mais, là encore, la vigueur des coups portés par l'adversaire faillit le surprendre. Avec un faible appui aérien, la 33e D.I. japonaise attaquait en premier, le 8 mars, venant du sud, et faillit déborder par l'ouest la 17e division indienne. Slim fut forcé de lui envoyer des renforts presque immédiatement (37e brigade). Un autre coup de boutoir japonais (reste de la 33° DI et partie de la 15) contre la 20e indienne vers Palel-Tamu eut un premier succès en s'emparant d'un dépôt polyvalent. Mais les Japonais furent bloqués par Gracey et le renfort de la 1re brigade indienne au col de Shenan à 15 km de l'aérodrome de Palel (v. croquis n° 14). Ce fut l'un des hauts lieux de la défense d'Imphal que les Japonais ne purent forcer avant la fin du siège, malgré leurs attaques répétées.

Chaque piton, col ou crête en garda un surnom (Gibraltar, Malte, mont Nippon, etc...).

Les deux autres D.I. japonaises, la 15e par l'est et surtout la 31e plus au nord, menèrent des actions par la montagne encore plus dangereuses. La première aboutit au débordement d'Imphal vers le nord, l'isolant ainsi de Dimapur. La seconde s'empara d'Ukhrul et de Sangshak, en anéantissant la 50e brigade parachutiste indienne et déboucha à Kohima et Zubza sur la route de Dimapur, à 60 km du terminus de la voie ferrée et des dépôts logistiques de toute la 14e armée britannique (v. croquis n° 12). Dimapur parut très menacé entre le 5 et le 15 avril. Seuls Slim et son état-major conservèrent leur calme car la parade était prête. Ils ne manquaient pas de renforts : 7e et 5e D.I. rentrant d'Arakan, 2e D.I. britannique, une brigade blindée, etc... Slim les regroupait autour de Dimapur au sein d'un nouveau corps d'armée, le 33e C.A.

Il pouvait donc à la fois former une colonne de secours pour délivrer Kohima et aéroporter directement des forces dans la zone encerclée d'Imphal. Certains combats sont devenus célèbres dans l'histoire militaire britannique comme Nungshigum, au début d'avril. C'était un très bon observatoire qui dominait toute la plaine d'Imphal et aurait pu permettre de diriger l'artillerie japonaise sur plusieurs terrains d'aviation (v. croquis n° 14). Les Japonais avaient installé au sommet leurs blockhaus défensifs habituels. Les Britanniques durent faire monter quelques chars en les tirant au treuil sur des pentes réputées impossibles jusqu'à 1 300 m d'altitude. Protégés au plus près contre les snippers et les attaques-suicide japonaises, ces chars finirent par effectuer les tirs d'embrasure nécessaires et à détruire au lance-flammes les garnisons des ouvrages dont aucune ne voulut se rendre.

Croquis n° 15

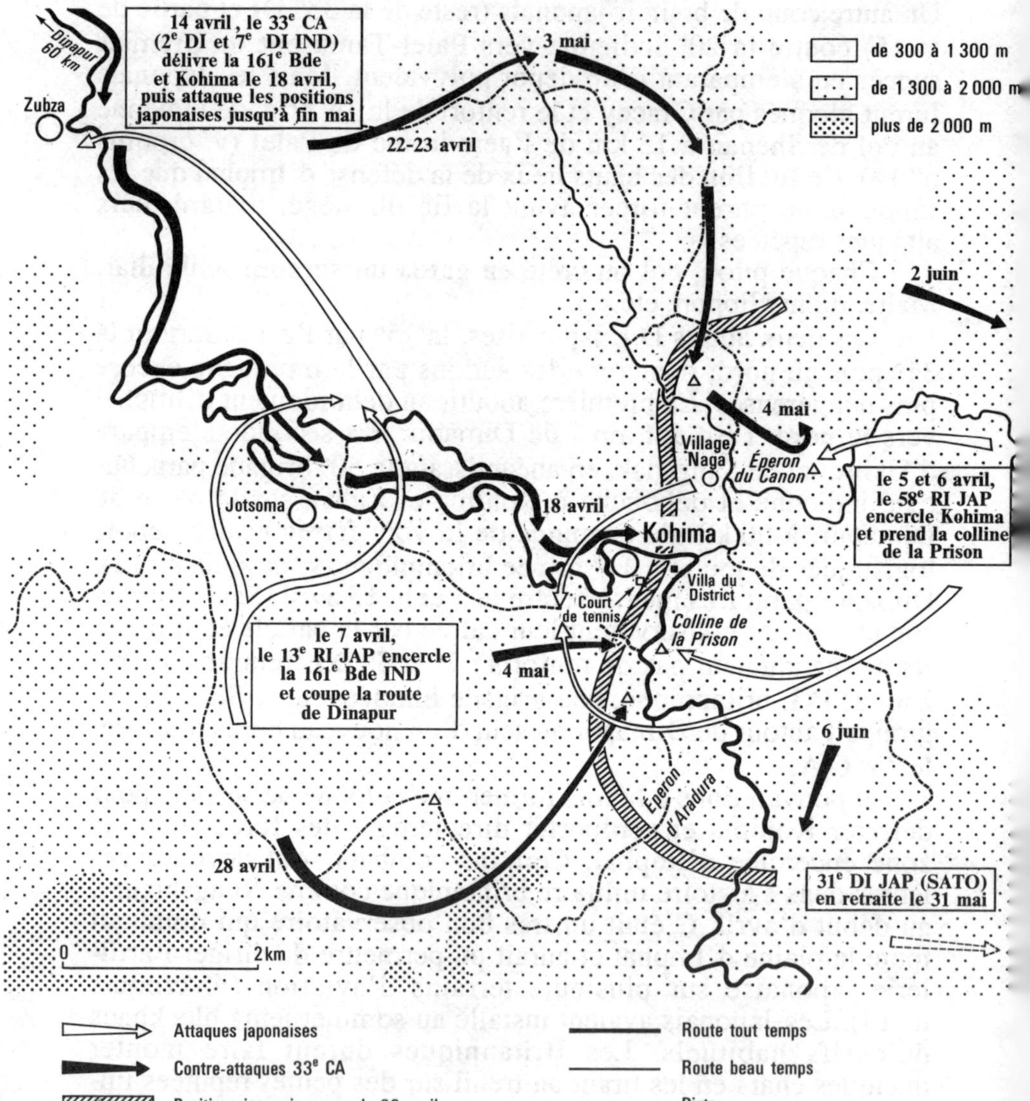

KOHIMA

Un autre exemple peut être donné par le siège de Kohima qui dura du 5 au 18 avril (v. croquis n° 15). La faible garnison locale, renforcée au dernier moment par le 4e Royal West Kent, au total 2 500 h. dont un millier de non-combattants, entreprit de résister sur un périmètre de très faible étendue, avec un seul canon, presque sans eau, qu'on finit par parachuter.

Les surnoms donnés aux centres de résistance sont évocateurs : le court de tennis, la villa du district, la colline de la prison ou l'éperon du canon. Ils furent pourtant des objectifs importants, sévèrement attaqués et vaillamment défendus (600 pertes sur 2 500 engagés). Leur délivrance, à partir du 18 avril, avec appui de chars et d'aviation ne fit pas cesser la résistance japonaise sur les mêmes positions avant le 31 mai. En fait, elles furent évacuées sur l'ordre du général Sato, commandant la 31° D.I. japonaise. A bout de munitions et de ravitaillement, après une entrevue orageuse avec Mutaguchi, il décida le repli de sa propre initiative et fut immédiatement relevé de son commandement, événement sans doute unique dans l'histoire militaire japonaise.

Dès le 2 juin, le nouveau 33e C.A. du général Stopford marchait pour rouvrir la route d'Imphal ce qui fut accompli le 22 juin.

Dans ce secteur, on vit aussi des faits d'armes d'une obstination incroyable. Il y eut des attaqucs-suicides de commandos japonais contre les aérodromes où plusieurs avions furent détruits. Un autre commando-suicide se fit sauter le 16 avril avec le pont suspendu de la piste de Silchar, dernier cordon ombilical d'Imphal avec Dimapur. Des Japonais furent volontaires pour détruire des chars malgré l'absence de mines antichars. Ils s'enfouissaient dans un trou individuel enfourchant un obus de 105 m/m dont ils faisaient exploser la fusée en la frappant d'un gros caillou au passage d'un char au-dessus du trou individuel camouflé. D'autres actions désespérées de ce genre pourraient être rapportées mais contrairement à ce qu'ont voulu laisser croire certains historiens japonais, rien de comparable à Verdun quant aux effectifs et aux moyens engagés, donc aux pertes subies même si elles furent proportionnellement très fortes.

Du côté britannique, il faut surtout insister sur la supériorité de manœuvre grâce au transport aérien. L'état-major de Slim et ceux de ses C.A. l'utilisèrent au mieux. Une unité d'artillerie de campagne, dans ce domaine, a battu tous les records de vitesse de transfert. Enlevée d'Arakan au jour *J*, elle put ouvrir le feu sur objectifs dans la cuvette d'Imphal au soir du jour *J* + 1. Beau résultat d'en entraînement intensif. La 5° division indienne fut transférée en entier en onze jours.

Du côté japonais, il faut à nouveau souligner l'acharnement et l'abnégation des troupes malgré des conditions logistiques qui se dégradèrent très rapidement (10 à 15 t. par jour pour plus de 100 t. aux Anglo-Indiens). Malgré l'évidence d'un déséquilibre croissant en munitions, en chars, en artillerie et en aviation, Mutaguchi persista, même après le début de la mousson, à ordonner attaque sur attaque. Le refus de "perdre la face" de Kawabé et de Mutaguchi se termina par un sanglant échec.

Même pour le soldat japonais, la résistance humaine a ses limites qui furent dépassées dans le courant de juin. Après Sato, le général Yamauchi, chef de la 15e D.I. déjà très malade au début de U-GO, fut relevé de son commandement le 25 juin. Finalement, le 18 juillet Kawabé et Mutaguchi ordonnèrent la retraite sur la Chindwin. Celle-ci tourna au cauchemar pour les Japonais, dont beaucoup de traînards moururent littéralement de faim ou de maladie. C'était le plus grand échec jamais subi par l'armée japonaise ; Kawabé et Mutaguchi furent à leur tour relevés de leur commandement. Des témoignages ultérieurs publiés par Louis Allen rendent probable le fait que Mutaguchi lui-même ne croyait plus au succès dès le 30 avril. En tout cas, le bilan était lourd et même irrémédiable pour la suite des opérations de Birmanie. Les Japonais avaient perdu 60 000 hommes, morts ou disparus, sur les 100 000 engagés. Les Britanniques eurent environ 18 000 morts ou blessés.

D.

LA FIN DE LA CAMPAGNE
(octobre 1944-mai 1945)

CHAPITRE 11

La bataille décisive à Mandalay-Meiktila

Après son succès défensif, Slim décida malgré la mousson, d'entrer en Birmanie centrale sans désemparer, au moins jusqu'à la Chindwin. Il espérait cette fois obtenir un succès complet par la destruction des gros ennemis grâce à la supériorité de ses chars et de l'aviation alliée dans les plaines.

Compte tenu du dispositif japonais, il croyait pouvoir y parvenir dans la plaine de Shwebo, entre la Chindwin et l'Irrawaddy.

Il n'y avait donc pas de temps à perdre : l'armée japonaise restait redoutable et il fallait l'attaquer en plusieurs endroits.

Chacun des deux obstacles offerts par la Chindwin et l'Irrawaddy qu'il fallait franchir, était très supérieur à celui du Rhin par exemple, avec moins de disponibilité en matériel de pontage.

Dès le 16 septembre 1944, Mountbatten avait fixé les grandes lignes, sur le plan interarmées, des objectifs à atteindre avant avril 1945 (v. croquis n° 16).

- — rétablissement des communications routières avec la Chine (fin de l'opération Albacore) ;
- — conquête en Birmanie d'une ligne jalonnée par Pakokku, Mandalay et Lashio (opération Capital) ;

Croquis n° 16

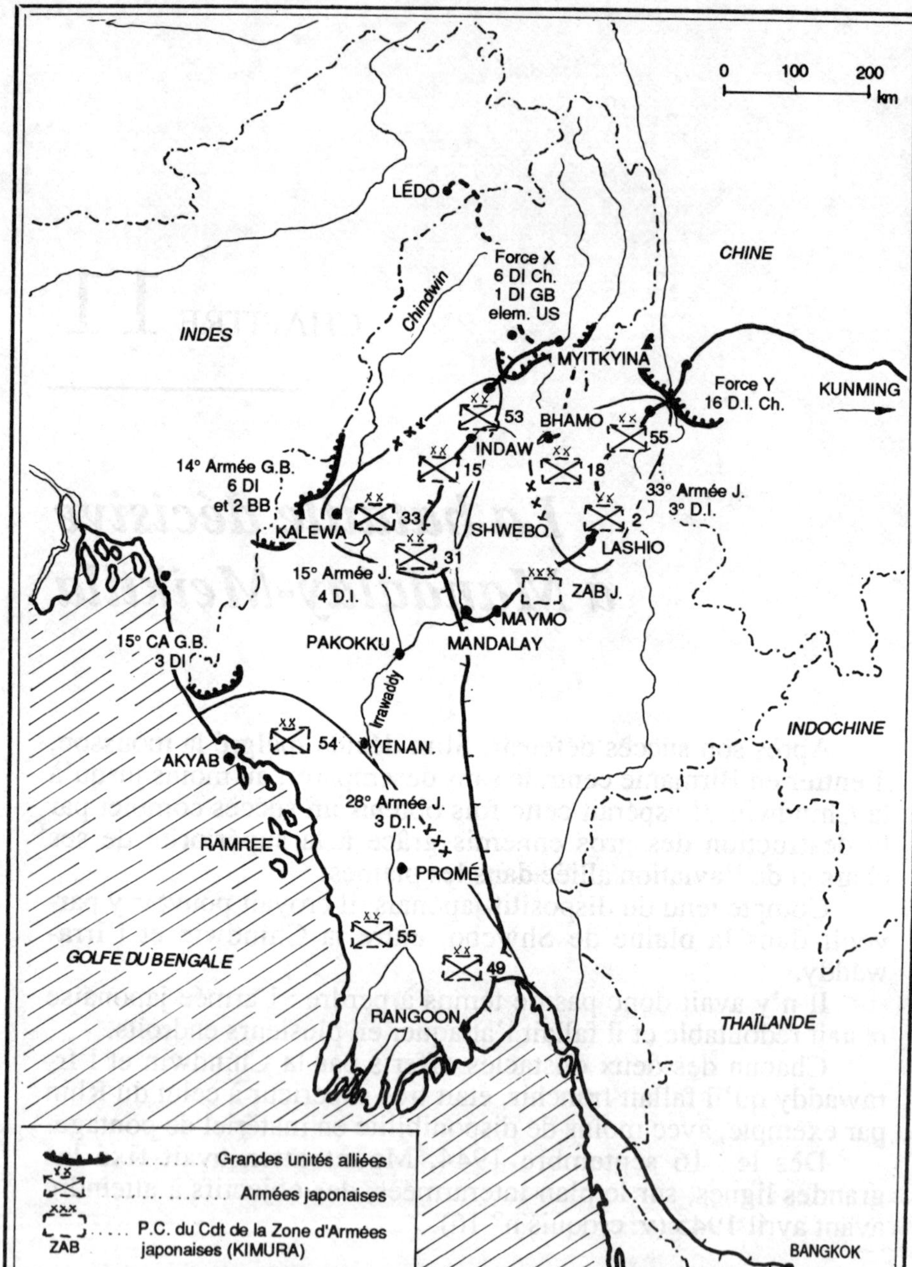

Situation au 15 novembre 1944

— reconquête directe de Rangoon, si les bateaux de débarquement arrivaient enfin, (opération amphibie et aéroportée Dracula).

Sans revenir sur la fin des opérations du secteur NCAC évoquée précédemment, il faut rappeler qu'en Arakan, l'opération vers Akyab avait été interrompue pour permettre l'emploi des 5e et 7e D.I. à Imphal. Pourtant la possession des aérodromes d'Akyab puis de Ramree restait une condition nécessaire pour l'appui aérien des opérations ultérieures. C'est Christisson et son 15e C.A. qui en furent chargés. La plan, mis au point en octobre 1944 prévoyait l'avance directe d'une D.I. indienne le long de la côte et de deux D.I. africaines à l'intérieur (v. croquis n° 17).

Avec des bateaux de débarquement considérés comme non récupérables pour l'Europe et donc laissés sur place et réparés, un assaut amphibie de Myebon et de Ramree serait effectué après la prise d'Akyab avec un commando de la marine et la 26e D.I. indienne entraînée spécialement. La maîtrise de la mer jusqu'à Rangoon était déjà acquise, les bateaux japonais ne s'y risquant plus, de même qu'aux îles Andaman.

L'opération (Pigstick devenue Bulldozer) démarra le 23 novembre des deux côtés des monts Mayus de triste mémoire, Donbaik et Foul-Point atteints vers Noël.

Les Japonais évacuèrent d'eux-mêmes Akyab qui fut occupé sans combat le 4 janvier 1945. Dès le 5, les Spitfires utilisaient l'aérodrome. Celui de Ramree fut occupé à la fin de janvier grâce au 15e C.A. et à une opération amphibie rapide. La garnison japonaise se fondit dans la population pour essayer de continuer une guérilla d'ailleurs très peu efficace. Christisson essaya de continuer vers le sud et Promé mais Sakurai, le chef de la 28e armée japonaise, avait la mission de résister, ce qu'il fit avec deux D.I., à hauteur du col de An et de Taungup. Le 15e C.A. ne put dépasser ces point mais il immobilisa les deux D.I. japonaises jusqu'en avril 1945.

Le port de Kyaukpyu et un nouvel aérodrome furent réaménagés et c'est de là, qu'en avril 1945, partit finalement l'opération Dracula qui libéra Rangoon, trois jours avant que les forces de Slim n'y arrivent par voie de terre.

Sur le front central, Slim s'était très vite rendu compte que son nouvel adversaire, Kimura, nouveau chef de la zone d'armée de Birmanie (ZAB) était plus habile que Kawabé et tenait mieux en main l'encadrement de ses armées et de ses divisions.

Les missions défensives que lui avait fixées Térauchi étaient simples : retarder autant que possible le rétablissement des communications avec la Chine du Sud, défendre la Birmanie où plutôt son pétrole et son riz, c'est-à-dire Yenangyaung et les

Croquis n° 17

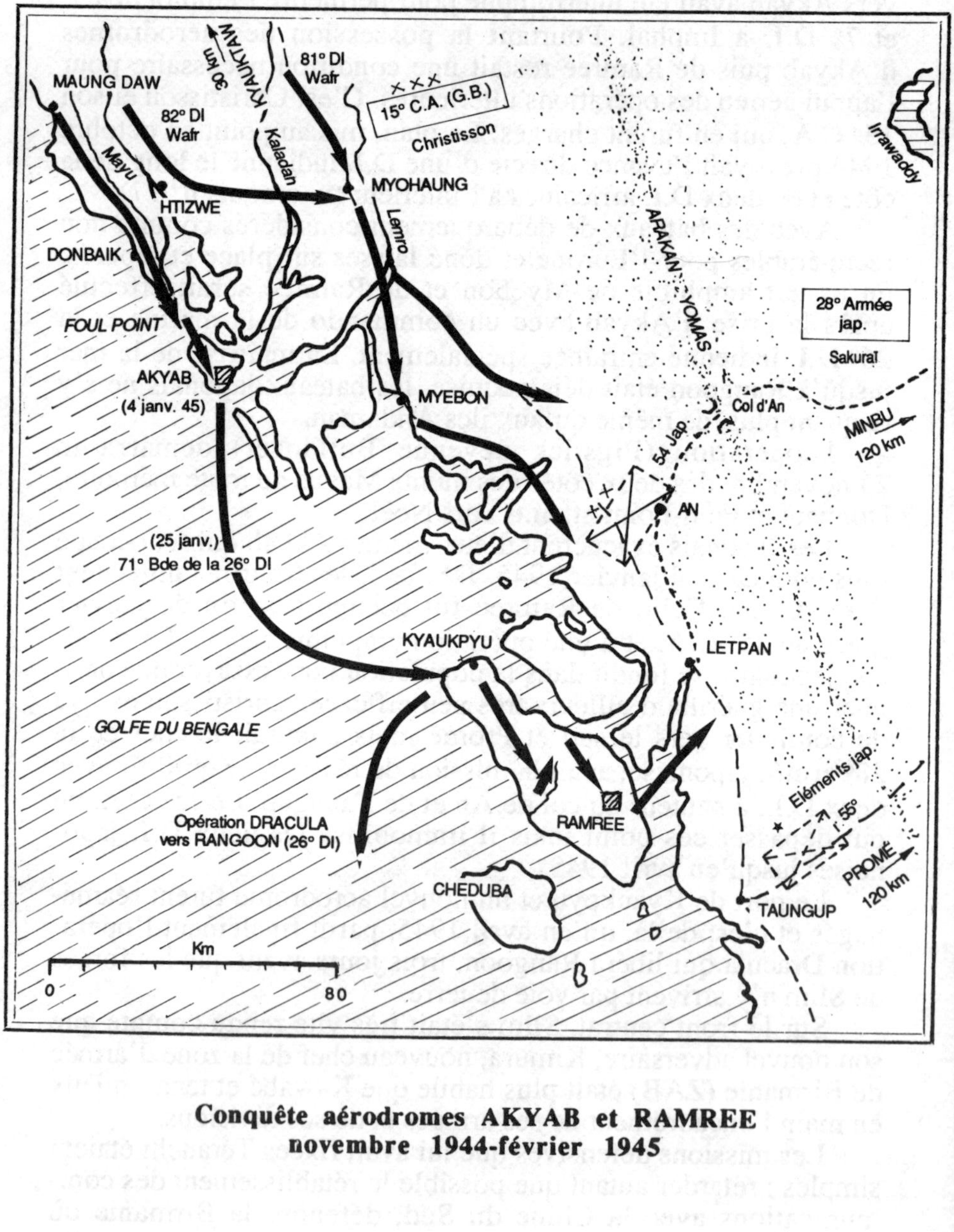

Conquête aérodromes AKYAB et RAMREE
novembre 1944-février 1945

plaines du delta. Plus question, sauf cas exceptionnel, de défensive "jusqu'à la mort" et surtout pas dans des plaines favorables aux chars et à l'aviation. En revanche, actions retardatrices sur toutes les directions attaquées par les Alliés et défensive ferme contre les franchissements de l'Irrawaddy, obstacle majeur.

Conformément à son plan (cf. croquis n° 18), Slim avait bordé la Chindwin et y avait établi des têtes de pont dès novembre 1944 de Sittaung (4e C.A.) à Kalewa (33e C.A.) non sans résistance des nouveaux éléments des 33e et 15e armées japonaises. Le 4 décembre, les opérations vers l'est et l'Irrawaddy avaient commencé sur trois directions : Indaw, atteint dès le 15 en liaison avec Stillwell, Shwebo et Monywa.

Slim s'aperçut rapidement que Kimura avait commencé à regrouper la quasi-totalité de ses forces, huit D.I. sur dix, pour les redéployer à l'est de l'Irrawaddy. Il voyait ainsi s'évanouir son espoir de le forcer à accepter la bataille à Shwebo. Tout de suite, il changea son plan initial pour un autre, mieux adapté, ce qui est le propre des grands chefs de guerre. "Simple et tout d'exécution" suivant le mot prêté à Napoléon pour définir l'art de la guerre.

Mais cette simplicité et cette apparente facilité dans l'exécution cachent de patientes mises au point dans l'entraînement des troupes et des états-majors, la souplesse de la logistique, l'utilisation du terrain et la connaissance de son ennemi. Bref, la 14e armée était devenue une redoutable machine de guerre aux rouages bien huilés.

La nouvelle manœuvre de Slim était basée largement sur la "déception", c'est-à-dire sur les divers moyens d'induire son ennemi en erreur.

Connaissant la pauvreté des moyens en renseignements qui règne désormais chez les Japonais, il disperse ouvertement ses moyens le long de l'Irrawaddy depuis Thabbeikkyin jusqu'au confluent avec la Chindwin et pour mieux donner le change, il fait effectuer deux franchissements qu'on peut qualifier de diversion, mais en consacrant à chacun deux divisions. Le premier a lieu au nord, le second à l'ouest de Mandalay (v. croquis n° 18).

Pendant ce temps et en grand secret, il fait roquer plus au sud un groupement de forces aux ordres du 4° C.A. de Kalewa à Pauk par la vallée encaissée de la Myttha sur une piste aménagée au dernier moment. Il s'agit essentiellement de deux D.I. indiennes (7e et 17e) du 4° C.A. et de la 255e brigade blindée nouvellement dotée de chars Sherman.

Un faux P.C. de C.A. continue à envoyer de faux messages dans la zone nord où la 19e D.I. indienne qui appartenait au 4e C.A. reste présente au nord du 33e C.A. ainsi que la 36e D.I.

Croquis n° 18

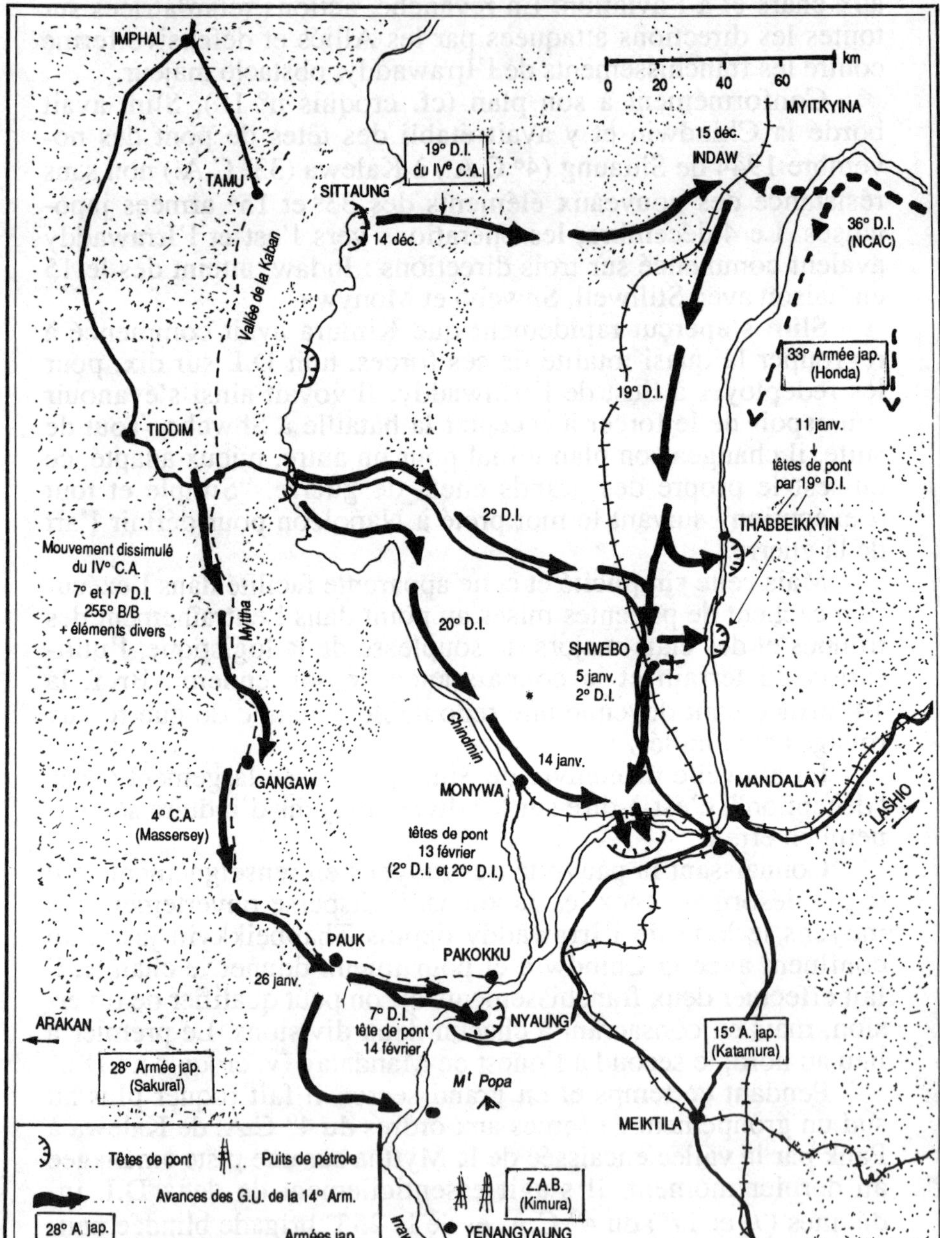

Bataille de MANDALAY-MEIKTILA (1° phase)
décembre 1944-15 février 1945

indienne qui formait l'aile ouest de Stilwell[1]. Logiquement, l'objectif commun à toutes ces forces devait aux yeux des Japonais, être la prise de Mandalay à partir des deux têtes de pont, à condition que le mouvement du groupement de Pauk ne soit découvert que tardivement. Ce qui se produisit. Katamura, chef de la 15e armée, reçut des renforts considérables qu'il eut le tort d'engager progressivement vers Mandalay entre la mi-janvier et la mi-février.

Pendant ce temps, le fer de lance de la 14e armée de Slim avançait lentement mais sans être découvert avant son franchissement beaucoup plus au sud entre Chauk et Pakokku. Il ne roulait que de nuit, retardé seulement par des destructions et quelques mines, éclairé à l'avant et sur les flancs par des "maquis" locaux et une brigade du Kenya.

Le lieu choisi pour le franchissement était relativement mal surveillé par les Japonais, dont des survivants de l'armée nationale indienne (I.N.A.) de Chandra Bose. Bien plus, le début du franchissement (14 au 25 février) fut pris pour une simple diversion d'une brigade vers Yenangyaung. Les comptes rendus de renseignements observés depuis le mont Popa ne furent pas pris au sérieux par la 15e armée japonaise. La surprise a donc joué à plein. Lorsque Kimura a enfin les renseignements nécessaires pour évaluer le danger, il est déjà bien tard. Le 4e C.A. allié avance très rapidement sur Meiktila qui est l'objectif réel et qui est occupé dès le 4 mars. Il s'agit du principal dépôt de ravitaillement de toutes les forces japonaises et d'un nœud de routes et de voies ferrées important.

La situation de Kimura semble sans issue. Il est contraint d'accepter la bataille dans les pires conditions, sur deux fronts et avec un ravitaillement précaire (v. croquis n° 19).

Il ne faut pas croire pour autant que la résistance japonaise fut faible. Kimura réagit très vite : comprenant l'importance essentielle de Meiktila, tenue seulement par 3 000 hommes, il récupère ses dernières réserves en dégarnissant le front de Mandalay, et fait converger sur Meiktila environ deux divisions qu'il confie au général Honda, chef de la 33e armée japonaise, pour reprendre la ville encore défendue par les administratifs de Kasuya.

A son tour, Cowan avec la 17e D.I. indienne est isolé dans Meiktila. Mais, ravitaillé par air, il peut continuer à opérer avec ses appuis de chars, s'attaquant tour à tour à chacune des colonnes japonaises qui convergent vers la ville. Il dispose d'un terrain d'aviation en pleine ville et d'un autre à quelques kilo-

1. Après la campagne, les Japonais croyaient encore que tout le 4° CA et non la seule 19° division avait attaqué à Thabbeikkyn.

Croquis n° 19

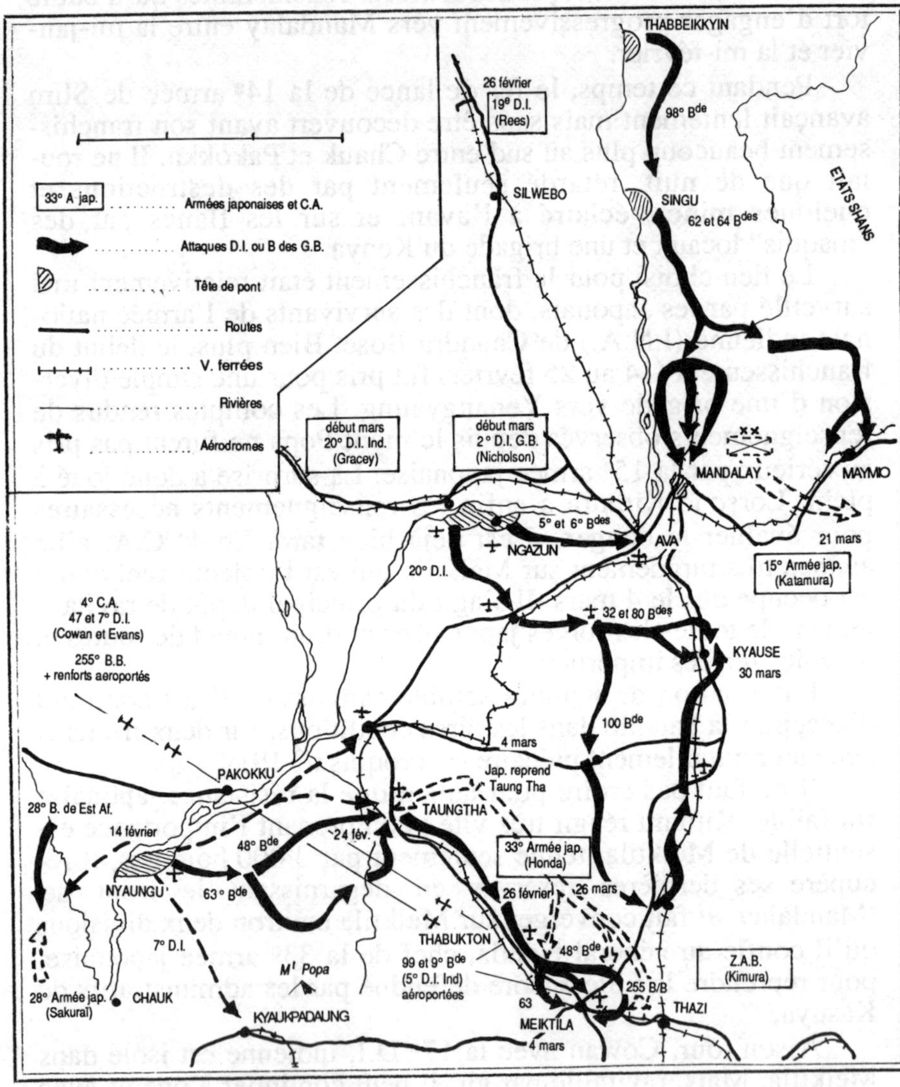

Bataille de MANDALAY-MEIKTILA (2° phase)
Vue d'ensemble 15 février-fin mars

mètres à l'ouest, Thabukton. Slim peut aéroporter deux brigades (9e et 99e) dont les premiers éléments débarquèrent dans la ville même. Les Japonais réussissent cependant à s'approcher suffisamment, en y laissant leurs derniers chars, pour détruire sept DC3 sur la piste. L'aéroportage est suspendu du 18 au 28 mars mais les largages continuent. Honda finit par renoncer le 29, ses troupes n'ayant plus assez de munitions ni de vivres. De plus, les divisions britanniques venant du nord (Mandalay) approchaient de la ville après des combats acharnés.

A Mandalay, après une défense désespérée du vieux fort Dufferin où l'on dut utiliser des bombes de 5 t. pour détruire les murs de terre épais de dix mètres, la ville fut évacuée par les Japonais le 21 mars.

CHAPITRE 12

La poursuite sur Rangoon. La fin de la guerre

Le plan de Slim avait donc réussi. Le peu de forces qui restaient à Honda et Katamura manquaient de tout et en particulier d'artillerie. Seule la 28e armée de Sakurai en Arakan demeurait une force organisée ainsi que la 56e D.I., un R.I. de la 18e D.I., issu du front NCAC et en retraite vers le sud par les états Shan.

Le seul espoir de Kimura était d'attendre une arrivée précoce de la mousson — qui se produisit — en menant une action retardatrice sur les 500 ou 600 kilomètres qui séparaient Meiktila de Rangoon suivant les deux itinéraires possibles.

Le plus long passait par Promé et longeait l'Irrawaddy, le plus court suivait la route et la voie ferrée par Toungoo et Pégu (v. croquis n° 20).

Slim appliqua une solution adaptée aux circonstances, qu'il avait préparée depuis le 18 mars. Il était sous la menace de se voir retirer la totalité du soutien américain en transport aérien qui devait évacuer les forces sino-américaines de Birmanie pour sauver ce qui pouvait l'être encore des aérodromes de Chennault en Chine du Sud. L'intervention de Mountbatten lui permit de conserver jusqu'au 1er juin une capacité de 2 000 t. par jour. Il dut donc réduire ses effectifs mais fit confiance à l'excellente qualité des équipes d'appui aérien et à la réussite des essais d'allègement des D.I. indiennes à deux brigades, l'une aéroportée avec jeeps et mulets, l'autre mécanisée avec chars. Il prit le risque de conserver un peu plus d'effectifs qu'il n'était tout à fait sûr de pouvoir ravitailler.

Croquis n° 20

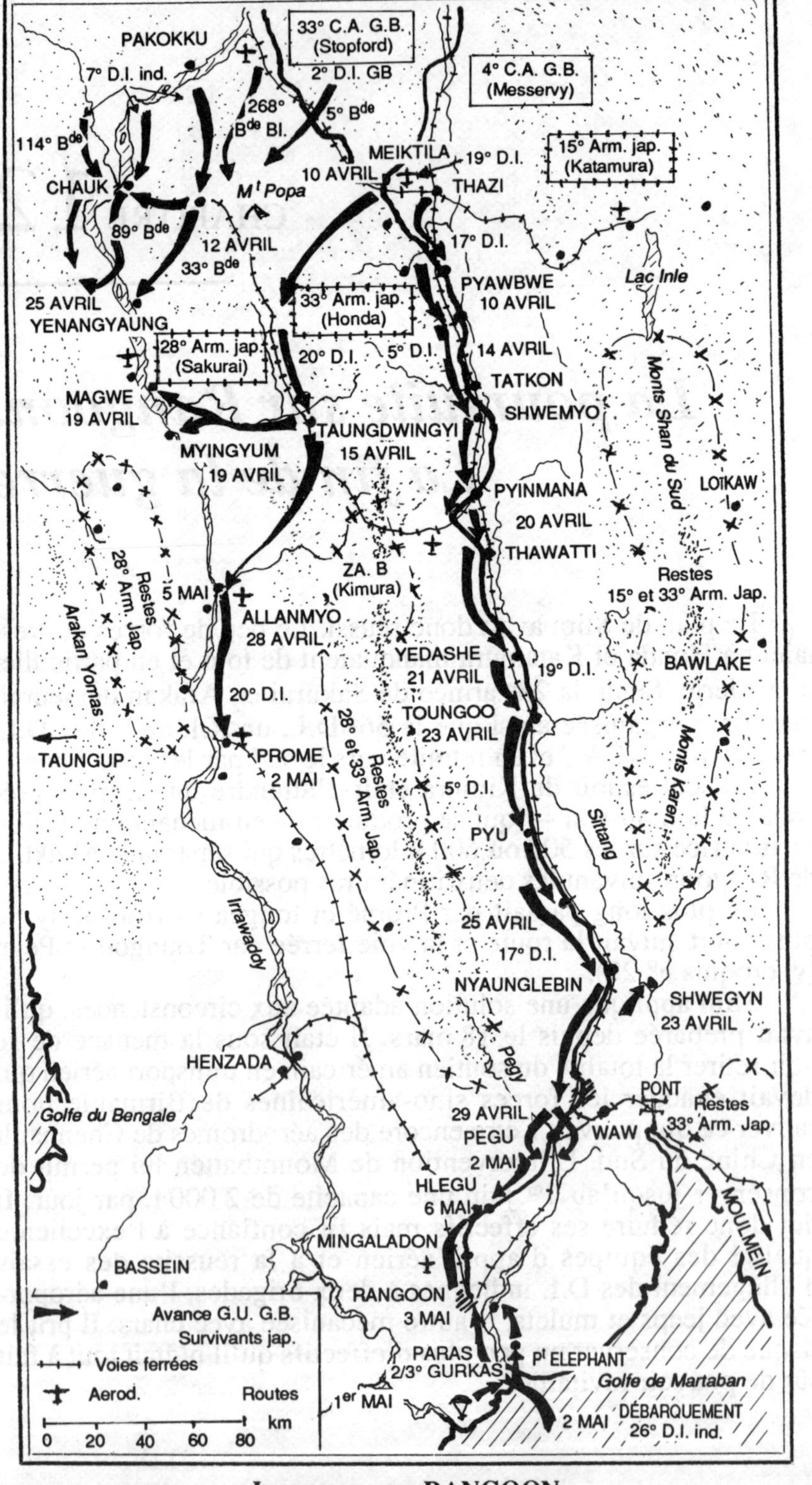

La course vers RANGOON

En fait, il conserva cinq D.I. et deux BB dont seulement trois D.I. et une BB et demie pouvaient être soutenues par air quoiqu'il arrive, le reste devant l'être classiquement — routes, rivières, et même voie ferrée, remise en état.

Après une soigneuse appréciation des facteurs, Slim choisit de donner la priorité à l'itinéraire de Pégu, plus court, à la jungle moins épaisse, tenu par des ennemis plus usés ou provenant d'unités plus disparates et où enfin le 4e C.A avec les 17e, 5e, 19e divisions indiennes et la 255 BB étaient déjà en place. Il ne renonça pas pour autant à l'autre itinéraire mais n'y affecta que deux D.I. et une BB, dirigées par le 33° C.A.

La 2e D.I., entièrement britannique mais qui manquait de relève pour combler ses pertes, retournerait aux Indes après avoir assuré les arrières, en particulier à Yenangyaung et au mont Popa. Slim insista en outre pour qu'on maintienne l'opération amphibie Dracula en cas de mousson précoce.

Sur chaque itinéraire, il s'agissait de dégager la route au plus vite, au moyen d'un dispositif assez complexe mais qui permettait de gagner en rapidité. Les D.I. se relevaient l'une l'autre tous les 30 à 50 kilomètres. La brigade mécanisée et les chars gardaient la tête jusqu'à une piste d'atterrissage existante ou aménagée rapidement, sur laquelle débarquait la brigade aéroportée qui nettoyait la région et ainsi de suite. La plupart des spécialistes ont dit de cette force qu'elle fut la plus mobile de toute l'histoire de la 2e guerre mondiale.

Mise en œuvre à partir du 10 avril, cette "méthode" fut assez lente à ses débuts en raison de la résistance japonaise — même sur l'axe de Pégu. Bientôt le rythme s'accéléra au point que les forces de Slim finirent par dépasser fréquemment des unités japonaises en retraite. Slim note avec humour que

> "si radio Tokyo avait prétendu à ce moment que les forces japonaises poursuivaient vigoureusement les forces britanniques vers Rangoon, il n'aurait, pour une fois, pas été très loin de la vérité."

Usés encore un peu plus par une bataille féroce autour de Thazi et de Pyawbwe, les Japonais qui avaient dû abandonner leurs véhicules, n'arrivèrent pas à Toungoo suffisamment à temps pour y organiser une résistance valable. Ils furent en outre retardés par la "résistance birmane" d'Aung-San et par les "maquisards Karens" soigneusement encadrés et armés par parachutages.

En fait, Honda ne commandait plus qu'à des forces de plus en plus désorganisées qui commencèrent, sur ordre de Kimura à envisager de rejoindre la région de Moulmein. Le rythme s'accéléra encore... Le pari de prendre Rangoon avec les deux colonnes blindées faillit bien être gagné. Le 1er mai au soir, celle de l'est finissait, non sans mal, de dépasser Pégu. Les Japonais y marquaient une dernière résistance acharnée pour conserver l'accès à Moulmein, Kimura ne voulant pas, comme Alexander en 1942, se laisser enfermer dans le cul de sac de Rangoon.

Le premier orage de mousson survint ce soir-là et dura toute la nuit alors qu'il ne restait que 80 kilomètres à parcourir. Mais aussitôt, la contrée fut inondée, les pistes d'atterrissage rendues impraticables et le 4e C.A. mis à nouveau en demi-rations.

Cependant l'opération Dracula avait été déclenchée pour une mise à terre le 1er mai, dernier délai fixé par la Navy avant la mousson. L'opération bénéficiait d'un fort appui naval, 2 cuirassés dont *le Richelieu*, 2 porte-avions d'escorte, 2 croiseurs et 6 destroyers protégeant les cargos qui transportaient la 26e D.I.

Une couverture aérienne considérable accompagnait la flotte, dont 12 escadrons de bombardiers alliés et une chasse du même ordre de grandeur.

Un pilote britannique de Mosquito, voyant au sol une inscription portant en très gros caractères : "Japs partis, grouillez-vous", prit le risque d'atterrir sur l'aérodrome principal de Rangoon-Mingaladon où d'ailleurs il cassa son appareil. Il réussit à gagner la ville, s'assura que l'inscription correspondait bien à la réalité, libéra ou visita des prisonniers de guerre alliés et, réquisitionnant un bateau à moteur, vint au devant de la 26e D.I. avec de précieux renseignements.

La liaison entre Dracula et la 14e armée eut lieu à Hlégu, le 6 mai, à quelques jours de l'armistice sur le front européen et de la prise d'Okinawa dans le Pacifique.

Malgré la mousson et l'occupation de Rangoon, Kimura n'envisagea pas de se rendre. Il essaya de faire traverser les lignes alliées par le plus grand nombre des survivants de ses armées. Ceux-ci étaient complètement dispersés, par petits groupes, réfugiés sur les points hauts depuis le sud de Meiktila, en particulier entre Sittang et Irrawaddy dans les Pegu Yomas.

Honda, quant à lui, avait pris le maquis dans la zone difficilement accessible du delta du Sittang avec environ 6 000 h.

Quand il put rétablir une liaison avec Kimura, ce dernier lui demanda de faciliter l'opération de la traversée des lignes. Son rôle consistait, du 15 au 30 mai, à faire diversion venant de l'est, dans la région de Waw, tout près du pont du Sittang où l'aventure birmane avait vraiment commencé en 1942. Honda n'hésita pas un seul instant. Cette opération fut surnommée "break out" par les Britanniques qui avaient eu de très bons renseignements sur sa préparation. Ce fut un échec complet pour les Japonais. Un vaste réseau de surveillance et d'intervention composé de sept brigades avait été mis en place de Toungoo à Pégu pour interdire le passage.

Tout en ne lui donnant qu'une valeur approximative, Slim avance le chiffre de 70 000 Japonais affamés, errant encore dans les collines birmanes, vivant de pillages et de rapines. Il est impossible de connaître avec précision le nombre de ceux qui réussirent à passer : peut-être une dizaine de milliers, d'après les Japonais eux-mêmes environ 6 000. Une deuxième tentative en juillet 1945 n'eut pas plus de succès. Beaucoup ne tentèrent même pas leur chance. La plupart, en pleine saison des pluies, moururent d'épuisement. 14 000 cadavres furent dénombrés, mais combien d'autres disparurent à jamais dans la jungle ?

Ce fut la seule période de toute la campagne où, avec l'aide des indicateurs d'Aung San, les Alliés firent des prisonniers en nombre significatif : 750 !...

L'ampleur de la défaite japonaise en Birmanie ressort fort bien de la teneur du message que Kimura fit parvenir à son vainqueur britannique, au moment de la capitulation, le 18 août 1945 :

> "J'ai donné l'ordre de cesser le feu à toutes les unités japonaises dont je connais les emplacements. Si votre Excellence veut bien m'indiquer où se trouvent les autres unités de mes forces et me permettre d'utiliser les moyens de transmission nécessaires, je leur ferais parvenir le même ordre."

Si l'on est d'accord avec Slim lorsqu'il dit qu'un général doit être jugé sur les résultats qu'il obtient, ce message éloquent est sûrement le meilleur compliment qu'il ait jamais reçu pour son commandement en Birmanie.

> "On revenait de loin"

affirme-t-il. On le croit volontiers. Dès la fin mai, il prit huit jours de permission pour aller à Londres. Winston Churchill, qui ne l'avait jamais vu, désirait le rencontrer.

LA FIN DE LA GUERRE

Après la défaite japonaise en Birmanie, les événements sur les autres théâtres d'opérations de la guerre contre le Japon vont se précipiter.

Sur le plan politique, la fin des hostilités était intervenue en Europe le 8 mai 1945. A la conférence de Yalta, le 4 février 1945, l'URSS avait promis d'intervenir contre le Japon trois mois après la fin de la guerre en Europe : cette promesse fut tenue le 8 août 1945. Il ne faut pas oublier non plus la mort de Roosevelt, le 12 avril, à qui succède Harry Truman.

Dès fin mai 1945, Churchill, comptant sur son immense popularité, rompt l'union politique avec les travaillistes et provoque des élections générales. Il est battu et remplacé le 26 juillet 1945 par Clément Attlee.

Enfin, la décision d'employer la bombe A à Hiroshima le 6 août et à Nagasaki le 9, amena la capitulation sans conditions du Japon, le 15 août.

Sur le plan militaire, dans le Pacifique central, sous la direction de Nimitz, la stratégie des bonds successifs, d'île en archipels, va vers son terme (v. carte n° 2). Après les Gilbert, l'avance est jalonnée par les Marshall, les Mariannes où l'essentiel de la flotte japonaise reconstituée est détruite, Guam, les Palaus et surtout Iwo Jima en février 1945 et ensuite Okinawa. L'acharnement de la défense japonaise qui avait perdu 60 000 hommes dans ces deux dernières opérations et la lourdeur des pertes américaines (17 000 tués et blessés à Iwo Jima et 55 000 à Okinawa) font craindre des pertes énormes lors d'un futur débarquement au Japon. Nul doute que cette crainte pèsera sur la décision d'emploi de la bombe A.

Vers le nord-ouest, MacArthur, après les Salomons, Bougainville, la Nouvelle-Bretagne et la Nouvelle-Guinée, a procédé à la reconquête des Philippines jusqu'en décembre 1944. La défaite navale japonaise définitive à Leyte (23-26 octobre 1944) et 38 000 morts japonais sanctionnent cette reconquête.

En juin 1945, le Japon est désormais complètement isolé par mer de la sphère de “co-prospérité” et doit s'attendre à une intervention soviétique.

Au moment d'Imphal, pour la première fois depuis 1941, le Japon avait renforcé d'un quart ses effectifs en Chine, les portant à un million d'hommes dont une division blindée complète. En août 1944, l'opération Ichi-Go avait été entreprise pour contrôler le chemin de fer de Pékin à Canton et à Koueï-Ling près de la frontière indochinoise (croquis n° 1). Sans l'appui des forces *X* et *Y* que Stilwell ne veut engager nulle part ailleurs qu'en Birmanie, le reste de l'armée de Tchang Kaï-Chek, mal équipée et peu sûre politiquement, ne peut résister aux coups portés par l'offensive japonaise qui engagea vingt divisions. En fait, l'offensive Ichi-Go n'avait semble-t-il que trois objectifs défensifs :

— neutraliser les aérodromes de Chennault, ce qui est atteint en novembre 1944,
— faciliter les mouvements nord-sud de l'armée japonaise en Chine et assurer une liaison terrestre avec les garni-

sons japonaises d'Indochine qui dépendent du maréchal Térauchi : objectif atteint également en novembre 1944, par Nanning et Langson,

— retarder au maximum l'offensive de Stilwell et la réouverture de la route de Birmanie, ce qui ne sera pas obtenu de façon appréciable.

Le général américain Wedemeyer qui vient de succéder à Stilwell est cependant légitimement inquiet. Tchoung King et Kun Ming lui semblent très menacés. Il croit en outre à une tentative de grande envergure des Japonais de réaliser une liaison terrestre continue de Singapour à la Corée. Il masse donc les meilleures troupes de Tchang Kaï Chek aux frontières de la Birmanie et de l'Indochine, 38 divisions et se prépare à résister à une importante offensive. En fait, l'armée japonaise d'Indochine, renforcée de 35 à 50 000 h., attaque les garnisons françaises, le 9 mars 1945. Le même jour, l'armée japonaise de Chine du Sud s'attaque à un aérodrome que Chennault a récemment rééquipé et l'emporte le 8 avril. Mais une seconde attaque échoue le mois suivant et tout nouvel effort est arrêté.

Tokyo, s'il y a jamais cru, n'a plus aucun espoir de réaliser une liaison terrestre. L'hypothèse la plus probable de l'attaque en Indochine est de se débarasser en temps utile des troupes françaises qui pourraient se révéler dangereuses en facilitant un débarquement américain sur les côtes vietnamiennes.

Renforcer le Sud n'a plus désormais aucun sens pour les Japonais. C'est le Nord avec la menace soviétique et la défense du sol national qui devient prioritaire.

Les mouvements de troupes vers le nord commencent dès la fin de mai 1945 et Wedemeyer n'a aucun mal à reconquérir le sud-ouest de la Chine. Il se préparait à investir deux ports dont Canton quand survint Hiroshima.

La séparation de fait entre les forces de Wedemeyer et celles de Mountbatten rendit nécessaire une réorganisation du commandement. Le SEAC devint purement britannique, y compris l'aviation, entre mai et juillet 1945 et prit en charge les Indes néerlandaises jusqu'aux Célèbes (croquis n° 2), la Thaïlande, l'Indochine du Sud (le Nord restant aux ordres de Wedemeyer jusqu'au 15 août en principe), la Malaisie et Singapour.

L'armée de terre britannique compte désormais, avec les renforts venus d'Europe, 28 divisions, 2,7 millions d'hommes avec les services, dont Slim a pris le commandement. Ces troupes sont réparties en deux armées, la 12e en Birmanie, qui doit intervenir vers la Thaïlande et la 14e aux Indes, destinée à la reconquête de la Malaisie et de Singapour. L'aviation comprend 154 escadrons de la RAF et 30 escadrons d'aéronavale.

Le sort de la Birmanie étant réglé puisqu'il n'y reste qu'une dizaine de milliers de Japonais errants par petits groupes à la recherche de leur riz quotidien, les forces japonaises opposées au nouveau SEAC sont les suivantes :

— 50 000 hommes en Thaïlande, autant à Sumatra, à Java et à Bornéo ;
— 85 000 hommes en Malaisie et à Singapour, les forces de Singapour relevant d'un commandement particulier de la Marine.

Entre fin mai et début juillet, Mountbatten et Slim établissent les plans suivants :

— dans l'immédiat, fin du nettoyage de la Birmanie et début des opérations en Thaïlande,
— reconquête de la Malaisie et de Singapour, essentiellement par mer (opération Zipper).

Un débarquement préalable est prévu dans l'île Pukhet qui servira de relais aérien et à Port-Dickson le 9 septembre (croquis n° 1).

La fin des opérations est prévue pour le printemps 1946.

L'armée britannique en terminera ensuite avec les Indes néerlandaises tout en participant avec 4 ou 5 divisions, au débarquement au Japon dont la capitulation n'est envisagée qu'à la fin de 1946.

Le principal obstacle rencontré dans cette planification fut d'ordre politique : en juin, est annoncé le rapatriement de tous les métropolitains qui ont accompli un séjour outre-mer supérieur à 3 ans et 8 mois, bientôt réduit à 3 ans et 4 mois. Cette mesure vise un tiers des troupes et cadres britanniques du SEAC ; des vétérans dont la formation avait coûté "tant de sueur et de sang". Mountbatten ayant mis ses étoiles dans la balance, on en reste à 3 ans 8 mois. En outre, beaucoup de cadres se portèrent volontaires pour les quelques mois nécessaires à en finir avec les Japonais. Il reste que sur la trentaine de divisions prévues pour 1945, vingt trois seulement demeurèrent disponibles, dont sept venant d'Europe.

Convoqué à Berlin, le 24 juillet 1945, Mountbatten apprend de la bouche du général Marshall l'utilisation de la bombe A dans les quinze jours ! Churchill, qui quitte le pouvoir dans deux jours, lui assure qu'il peut s'attendre à une capitulation du Japon vers le 15 août. De Berlin même, Mountbatten donne ses premiers ordres et fixe les priorités, dans l'ordre : Singapour, le détroit de Malacca, puis la Thaïlande, l'Indochine et Hong-Kong, enfin les Indes néerlandaises et l'occupation du Japon.

Le début de l'opération Zipper, fixé au 9 septembre, ne peut être avancé pour des raisons de marée si bien que Singapour fut occupé avant Port-Dickson. La chronologie permet de suivre cette période très agitée et peu connue :

— le 4 septembre 1945, à 6 h. 45, reddition japonaise et occupation de Singapour par une commission d'armistice accompagnée de troupes transportées par avion et complétées par la 5° D.I. indienne ;

— le 9 septembre, débarquement à Port-Dickson d'éléments de deux D.I. (1re phase de Zipper) ; les avions atterrissent ensuite directement sur les aérodromes ;

— le 12 septembre, reddition solennelle des troupes japonaises du Sud-Est asiatique à Singapour. La musique joue *Rule Britannia* et le soir est organisé un dîner où sont conviés tous les généraux japonais prisonniers, dont le maréchal Terauchi, ex-commandant des quatre armées victorieuses de 1941 ;

— le 25 septembre, achèvement de la réoccupation de la Malaisie par les Britanniques en trois semaines.

Le 2 septembre, sur le cuirassé américain *Missouri*, MacArthur avait reçu la capitulation sans condition du Japon en présence de tous les alliés. Le général Leclerc représentait la France.

Conclusion

La conclusion d'une campagne ne saurait se passer d'un bilan des pertes. Mais, comme bien souvent, celui de la campagne de Birmanie n'est pas facile à établir. Les différences des décomptes émanant des belligérants s'expliquent aisément par les conditions du combat. On peut distinguer deux types de décompte :

1. Le rapport officiel américain du général Marshall, reprenant d'ailleurs les chiffres de l'amiral Mountbatten, a le mérite de la simplicité. C'est une bonne approximation du bilan connu juste à la fin de la guerre. Les Japonais avaient eu en Birmanie des effectifs maxima de 320 000 h. Ils n'en ont rapatrié qu'environ 20 000. La conclusion évalue donc les pertes globales japonaises à 300 000 h. tués, blessés, disparus ou prisonniers dont 97 000 tués dénombrés sur le terrain.
   Ce nombre représente 11 % des pertes japonaises sur tous les T.O. et donne une indication sur l'importance relative du théâtre d'opérations birman.
   Du côté japonais, la méthode d'évaluation est la même mais elle a été établie beaucoup plus tard. Elle fait état d'un maximum d'effectifs de 300 000 h. mais ceux qui sont rentrés au Japon, parfois très longtemps après la guerre, seraient de l'ordre de 120 000, en y incluant blessés et prisonniers. Il en résulte un total de morts et disparus, très vraisemblable, de 180 000 h.
2. Le deuxième type de bilan est celui des historiens qui s'efforcent de faire le point des documents dont ils disposent. Le tableau ci-dessus reproduit l'un des nombreux résultats fournis par l'historien Louis Allen déjà cité. Il a disposé des sources japonaises et alliées et en a tiré les chiffres les plus probables et les plus significatifs concernant chaque phase de la bataille.

Tableau comparatif des pertes britanniques et japonaises en Birmanie[1]

Opérations (dates)	*Pertes britanniques et du Commonwealth*	*Pertes japonaises*
La grande retraite 25/12/41 - 12/5/42	13 463 (1 499)	2 431 (1 999)
Première opération en Arakan 23/10/42 - 15/5/43	5 057 (916)	1 100 estimation (400)
Premier raid de Wingate fév.-juin 43	1 138 (28)	205 (68)
Deuxième ops. Arakan (Ha-Go) fév-juillet 44	7 951 —	5 335 (3 106)
Imphal-Kohima (U-Go) mars-déc. 44 préliminaires (Assam) Kohima Imphal	 920 4 064 12 603 17 587 (10 000) estim.	 — 5 764 54 879 60 643 (13 373)
Irrawaddy-Mandalay janv. - mars 45 Meiktila fév. - mars 45	 10 096 (1 478) 8 099 (835) 18 195 (2 307)	Ensemble des 2 batailles pour 15 et 33° Armées jap. 12 912 (6 513)
Exploitation sur Rangoon 20/4/45 - 3/5/45	2 166 (446)	7 015 (6 742)
de Rangoon à capitulation 4/5/45 - 15/5/45	1 901 (435)	11 192 (9 791)
TOTAUX	71 244 (34 252)	106 144 (46 711)

1. Morts, disparus et blessés pour les Britanniques ; morts et disparus pour les Japonais (les nombres entre parenthèses représentent les morts dénombrés sur le terrain).

Du côté des bilans britanniques, deux remarques peuvent être faites :

— le total de leurs pertes pour l'ensemble de l'Extrême-Orient est estimé à 225 000 et donc celles de la Birmanie représentent un tiers du total. Mais le chiffre global ci-dessus comprend une masse de disparus et de prisonniers, de 125 000 h. dont la quasi totalité, tout au début de la guerre ;

— le total des morts d'origine purement métropolitaine ne dépasserait pas 5 000 dont une forte proportion d'officiers. Cela n'a rien d'étonnant puisque seulement deux à trois divisions britanniques ont été engagées : ce chiffre est à comparer aux 20 D.I. du Commonwealth, dont 17 indiennes. Il est également à rapprocher des 60 000 victimes des bombardements allemands sur les villes britanniques et aux 30 000 morts de la marine marchande. Il donne un aperçu des priorités que le gouvernement de W. Churchill dut choisir sous l'emprise de la nécessité.

Ce bilan des pertes conduit à quelques réflexions sur le caractère très particulier des opérations en Birmanie.

Il n'est pas nécessaire d'insister sur les facteurs déterminants du terrain en majorité montagneux, du climat de mousson, des obstacles présentés par fleuves et rivières et de la pauvreté des voies de communication : bref, un théâtre d'opérations très difficile.

Ces facteurs dominèrent la logistique "cauchemar constant" selon Mountbatten, "placée tout au bout d'un périple de 20 000 km" selon Marshall, "facteur pesant sur les décisions au plus haut sommet", selon l'histoire officielle américaine.

Les normes américaines habituelles des besoins — 6 tonnes par homme pour "installer" une opération et 1 tonne par mois et par homme pour l'entretenir, — durent être révisées à des taux beaucoup plus bas par l'état-major de Slim.

Les facteurs de base eurent d'autres importantes conséquences :

1. la formation d'armées sur place : indiennes ou levées clandestines birmanes pour les Britanniques, chinoises pour les Américains voire quelques éléments d'armées nationales birmanes ou indiennes pour les Japonais. Cela conféra au conflit un caractère très asiatique, avec des ethnies très variées. Au sein même des unités indiennes, au moins une dizaine de langues différentes, des castes, plusieurs religions, des coutumes diverses, depuis les Sikhs, les Rajpouts, les Dogras, les Bengalis et jusqu'aux Gurkhas du Népal. Une vraie tour de Babel malgré la pratique obligée de la seule langue urdue dans l'armée. Il faut saluer ici la performance des instructeurs, britanniques, américains ou indiens, qui réussirent en très peu de temps à former des unités aptes à vaincre les Japonais. C'était l'idée de base de

Stilwell et aussi bien sûr celles des cadres de l'armée des Indes.

2. La faiblesse relative des effectifs des combattants, en comparaison des armées de masse de la première guerre mondiale et en revanche des effectifs considérables consacrés à la logistique.
   Même les Japonais, où la proportion des combattants était la plus forte, environ 50 %, n'avaient qu'une dizaine de divisons au combat, au plus 150 000 h., au moment d'Imphal.
   Les Chinois ne mirent en ligne qu'une dizaine de leurs divisons modernes — environ 120 000 h.
   La 14e armée de Slim dont les effectifs montèrent jusqu'à 600 000 h., dont beaucoup de permanents aux Indes, n'eut jamais en ligne *en même temps* plus de 100 000 combattants, même lorsque trois corps d'armée opéraient ensemble. Mais Slim utilisa un système de rotations qui lui permit presque toujours d'avoir des unités fraîches après un repos aux Indes.

3. L'adoption rapide de nouvelles stratégies et tactiques. Il y fallut quand même deux ans. On peut dire en simplifiant beaucoup, qu'on passa du front et des lignes de résistance du type 14-18 à des stratégies et tactiques en profondeur, avec des effectifs dispersés, manœuvrant souvent à pied autour de bastions, points forts, hérissons et autres bases d'opérations fortifiées, la terminologie varia.

L'apport de Wingate, la supériorité aérienne des Alliés, une meilleure utilisation de petits effectifs très entraînés, mais aussi l'aérotransport d'unités "normales" furent des éléments déterminants dans la supériorité croissante des Alliés dont Slim eut le mérite de faire une synthèse réaliste.

Cependant, il commença par l'essentiel, c'est-à-dire l'instruction individuelle puis la cohésion des unités. Il y faut du temps et des moyens, ce dont les Britanniques manquaient le plus devant un adversaire bien préparé. Handicap assez fréquent des nations démocratiques.

Au total, si les Britanniques parurent longtemps hésiter à s'engager, faute de moyens, au point d'exaspérer souvent les Américains, ce sont eux, finalement, bien aidés par la paranoïa de Mutaguchi, qui firent la décision sur ce théâtre d'opérations.

Ils contribuèrent efficacement, à leur manière, à raccourcir la durée de la guerre, tout comme le firent les Américains avec leur stratégie d'avance par bonds successifs. Avant même l'emploi de la bombe A, la situation des Japonais apparaissait désespérée, y compris dans l'ensemble du Sud-Est asiatique.

Les historiens américains finirent par le reconnaître sans réticence. Ronald Spector, par exemple, s'exprime ainsi dans un ouvrage de 1987 :

> "La reconquête de la Birmanie par voie de terre, exploit que tous les dirigeants alliés, de Churchill aux officiers subalternes de l'état-major du SEAC jugeaient à la limite du possible, avait donc été menée à bien... en majeure partie par des troupes britanniques et du Commonwealth."

Cet hommage à l'"Armée oubliée" si longtemps par les Britanniques eux-mêmes n'est que justice.

Il est temps également que le rôle de Slim et de l'Armée des Indes soit mieux connu des lecteurs français. Si nous y avons contribué, le but de cet ouvrage sera atteint.

BIBLIOGRAPHIE SOMMAIRE

Sources officielles

Indiennes

Official history of the indian armed forces in the second World War, Prasad B., édit. Calcutta, 1954, 4 vol.

Britanniques

Kirby Major Général S.W. et al., *The war against Japan*, Londres, HMSO, 1958-1969, 5 vol.

Américaines

Romanus C.F., Sunderland R., *United States Army in World War II. China, Burma, India Theater*, Washington, 1953-1959, 3 vol.

Taylor Joe, *Air supply in the Burma campaign*, USAF Historical studies, n° 75, 1952.

Japonaises

Shimbunsha Asagumo, *Senshi Sôsho (Histoire de la guerre)*, Ministère de la Guerre, 1967-1969, 4 vol.

Autres sources

Allen Louis, *Burma, the longest war*, Londres, 1984.

Dictionnaire de la seconde guerre mondiale, dir. Philippe Masson, Lib. Larousse, 1980, 2 t.

Hiroshi Fuwa, "Opérations japonaises dans la vallée de Hukwang", in *Military Review*, janv. 1962.

Lesouef Pierre, "Slim en Birmanie", in *Revue historique des Armées*, 1982, n° 1.

Moser Don et al., *La campagne de Birmanie*, édit. fr. Time-Life, 1980.

Slim Field Marshall, The Viscount. — *Defeat into Victory*, edit. David McKay Cy Inc., 1961.

Spector Ronald, *La guerre du Pacifique*, Edit. Albin Michel, 1987, trad. française.

Thompson W.J., "La stratégie japonaise dans la IIe guerre mondiale", dans *Military review*, juin 1962.

Vulliez et Turnbull, "L'étrange guerre de Birmanie", dans *Revue maritime*, avril-mai 1968.

*

Avec mes remerciements à John Charles Davis pour l'aide précieuse qu'il m'a apportée en 1969, alors qu'il était officier de liaison détaché à l'Ecole de Guerre, dans la recherche de documents provenant en particulier de l'Imperial War Museum.

LISTE DES CROQUIS

LISTE DES ILLUSTRATIONS

EUROPE MEDIA DUPLICATION S.A.
53110 Lassay-les-Châteaux
N° 2961 – Dépôt légal : octobre 1993
Imprimé en France